시큼시큼 미끌미끌

산과 염기

사진출처

셔터스톡_ 59p / 천연가스 버스 94p / 바티칸 시스티나 성당 내부(Anton_Ivanov) 95, 109p / 〈천지창조〉(S-F)

위키피디아_ 62p / 단양 고수 동굴(Olga Lipunova) 88p / 산성 용액 속에서 녹고 있는 금속(Adam Rędzikowski)

플리커_ 62p / 뉴질랜드 와이토모 동굴(2il org) 90p / 중성지로 만든 사진집(Abecedarian Gallery)
91p / 중성지로 만든 미술 작품(Kaarina Dillabough)

studio198_ 88, 96p / 금속판, 금속판에 그림 그리는 모습 89, 96p / 산성 용액에 담긴 금속판,
금속판에 잉크를 발라 찍어 내는 모습 89p / 당나귀 판화와 금속판

통합교과 시리즈
참 잘했어요 과학 12

시큼시큼 미끌미끌 산과 염기

ⓒ 김희정 윤태규, 2018

1판 1쇄 발행 2018년 10월 15일 | **1판 4쇄 발행** 2023년 6월 15일

글 김희정 | **그림** 윤태규 | **감수** 서울과학교사모임
펴낸이 권준구 | **펴낸곳** (주)지학사
본부장 황홍규 | **편집장** 김지영 | **편집** 박보영 이지연 | **디자인** 이혜리
마케팅 송성만 손정빈 윤술옥 박주현 | **제작** 김현정 이진형 강석준 오지형
등록 2010년 1월 29일(제313-2010-24호) | **주소** 서울시 마포구 신촌로6길 5
전화 02.330.5263 | **팩스** 02.3141.4488 | **이메일** arbolbooks@jihak.co.kr
ISBN 979-11-6204-036-2 74400
ISBN 979-11-85786-82-7 74400(세트)

잘못된 책은 구입하신 곳에서 바꿔 드립니다.

 제조국 대한민국   사용연령 8세 이상
KC마크는 이 제품이 공통안전기준에 적합하였음을 의미합니다.

 아르볼은 '나무'를 뜻하는 스페인어. 어린이들의 마음에 담긴 씨앗을 알찬 열매로 맺게 하는 나무가 되겠습니다.

홈페이지 www.jihak.co.kr/arb/book | **포스트** post.naver.com/arbolbooks

펴냄 글

✉ 과학은 왜 어려울까?

- 생물, 지구과학, 물리, 화학 등 공부해야 할 범위가 넓다.
- 책이나 교과서를 볼 땐 이해할 것 같다가도 돌아서면 헷갈린다.
- 과학 현상이나 원리가 어려워서 이해가 안 된다.
- 과학 공부를 할 때 어려운 단어가 많이 나온다.

✉ 과학 공부, 쉽게 하려면 통합교과 시리즈를 펼치자!

통합교과란?

- 서로 다른 교과를 주제나 활동 중심으로 엮은 새로운 개념의 교과
- 하나의 주제를 **생활·개념·환경·인체·예술** 등 다양한 영역에서 접근해 정보 전달 효과를 높임
- 문이과 통합 교육 과정에 안성맞춤

이런 학생들에게 통합교과 시리즈를 추천합니다!

과학 교과를 처음 배우는 초등학교 **3학년**

과학이 지겹고 어렵게 느껴지는 **4학년**

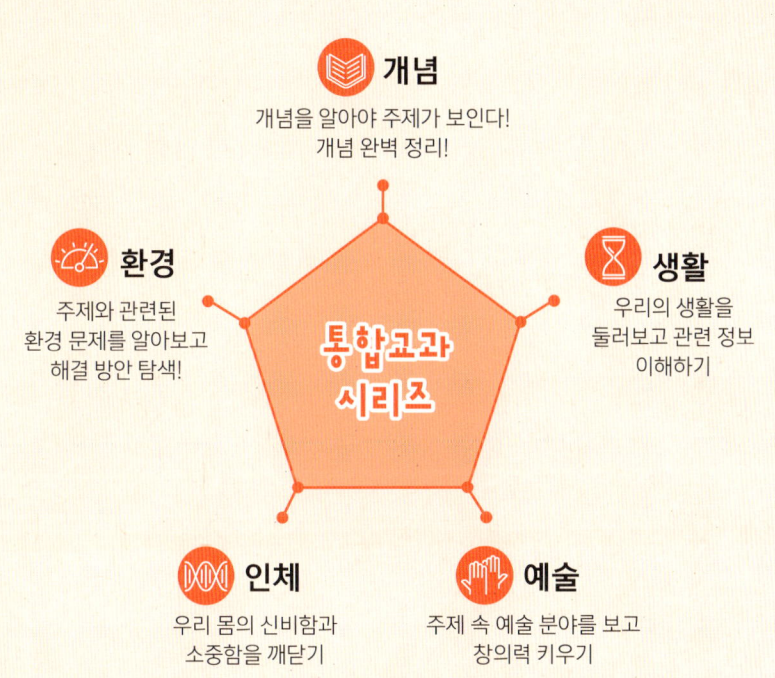

개념
개념을 알아야 주제가 보인다!
개념 완벽 정리!

환경
주제와 관련된 환경 문제를 알아보고 해결 방안 탐색!

생활
우리의 생활을 둘러보고 관련 정보 이해하기

통합교과 시리즈

인체
우리 몸의 신비함과 소중함을 깨닫기

예술
주제 속 예술 분야를 보고 창의력 키우기

차례

1화
산과 염기를 찾아라! <생활> 우리 주변의 산과 염기 10

16 부엌에서 찾은 산   18 욕실에서 찾은 염기
20 생활 속 산과 염기 이용하기
24 한 걸음 더 – 가장 오래, 널리 사용된 산 : 식초
         활용도 높은 염기 : 베이킹 소다

2화
산일까? 염기일까? <개념> 산과 염기의 정체 28

34 산과 염기의 비밀   36 산과 염기를 찾아내는 명탐정 – 지시약
38 산 VS 염기, 누가 더 셀까?   40 산과 염기가 만나면 중화 반응
44 한 걸음 더 – 양배추로 만드는 지시약 편지

3화
주위를 둘러봐! <환경> 자연에서 찾은 산과 염기 46

52 알록달록 수국의 비밀   54 개미와 벌의 무기
56 산성비의 습격
62 한 걸음 더 – 자연이 만든 예술 작품 : 동굴

4화

내 몸을 지켜 줘! [인체] 우리 몸속 산과 염기 64

- 70 나를 성장시키는 산과 염기
- 73 똥은 산일까, 염기일까?
- 74 신맛이 나는 염기성 식품?
- 76 내 몸의 피는 산일까, 염기일까?
- 80 한 걸음 더 – 약을 안전하게 장까지 운반하라!

5화

예술이 되어라, 얍! [예술] 산과 염기로 그리는 세상 82

- 88 산으로 만드는 판화 – 에칭
- 90 오래도록 보존되는 중성지 작품
- 92 염기와 만나 파랗게 물드는 쪽 염색
- 94 석회 위에 그린 그림 – 프레스코 벽화
- 98 한 걸음 더 – 전기로 그리는 지시약 그림

100 워크북   110 정답 및 해설   112 찾아보기

등장인물

산이

염이의 쌍둥이 형제.
이름은 '산'이지만, 신맛 나는 음식을
잘 못 먹어요. 염이와는 집에서도,
학교에서도, 밖에서도 자주 아웅다웅하지만
안 싸울 때는 늘 붙어 있답니다.

염이

산이의 쌍둥이 형제.
산이보다 5분 일찍 태어나서
자신이 형이라고 생각해요.
때로는 산이에게 잔소리를 많이 하지만,
늘 산이를 잘 챙겨 주려고 노력해요.

로몬

산이와 염이의 같은 반 친구.
산이와 염이가 싸울 때마다
중간에서 문제를 해결하려고 노력해요.
그림을 잘 그려서 주변 사람들에게
칭찬을 받아요.

아빠 엄마

산이와 염이의 부모님.
산이와 염이뿐만 아니라,
주변 친구들에게도 늘 관심을 갖고
아이들에게 따뜻한 마음으로 대해요.

1화
산과 염기를 찾아라!

생활 우리 주변의 산과 염기

- 부엌에서 찾은 산
- 욕실에서 찾은 염기
- 생활 속 산과 염기 이용하기

한눈에 쏙 - 우리 주변의 산과 염기

한 걸음 더 - 가장 오래, 널리 사용된 산 : 식초

활용도 높은 염기 : 베이킹 소다

부엌에서 찾은 산

여러분은 '신맛' 하면 가장 먼저 무엇이 떠오르나요? 염이가 산이를 골탕 먹일 때 음식에 넣었던 식초와 레몬이 대표적인 신맛을 내는 음식이지요.

이 식초와 레몬에는 공통점이 있어요. 바로 산성 물질이 들어 있다는 점이에요. '신맛'이 바로 산성 물질의 가장 큰 특징 중 하나이지요.

부엌에서 신맛 나는 음식 찾기

산성 물질이 들어 있는 음식 중 식초와 레몬 말고 또 무엇이 있을까요? 먼저 부엌을 둘러보면서 신맛이 나는 음식을 찾아봐요. 푹 익은 김치, 오렌지나 사과 같은 과일에서도 신맛을 느낄 수 있지요. 이런 음식들 모두 산성 물질이 들어 있을 거라고 추측해 볼 수 있어요. 그럼 신맛을 내는 산성 물질의 정체는 무엇일까요?

산성 물질, 넌 누구냐!

신맛을 내는 대표적인 물질은 아세트산이에요. 이 물질은 식초의 주요 성분이기도 해요. 과일의 신맛을 나타내는 성분은 시트르산(구연산)이에요.

아세트산이나 시트르산은 성분 구조가 비슷해요. 산의 이름이나 종류에 따라 전체적인 모양은 조금씩 다르지만, 모두 공통적으로 가지고 있는 구조가 있어요. 바로 이 부분이 신맛을 나타낸답니다.

산성 물질이라고 해서 모두 신맛이 나는 것은 아니에요. 우리가 잘 아는 콜라, 사이다와 같은 탄산음료도 산성 물질인 탄산이 들어 있지만 신맛은 약하지요. 신맛을 내는 구조가 아니기 때문이에요.

먹을 수 없는 산성 물질도 많아!

황산, 염산과 같이 먹을 수 없는 산도 있어요. 황산과 염산은 산의 세기가 너무 강해서 대부분의 금속까지 녹여 버릴 수 있어요. 그렇기 때문에 매우 조심히 다루어야 해요.

이처럼 산은 조금씩 다른 면이 있어요. 하지만 거의 모두 '~산'이라는 이름을 가지고 있어요.

여러분도 '산'으로 끝나는 산성 물질을 찾아봐요.

 욕실에서 찾은 염기

산이와 염이가 떼려야 뗄 수 없는 영원한 라이벌인 것처럼, 화학의 '산'에도 영원한 라이벌이 있어요. 바로 '염기'라는 성분이지요. 산이 신맛을 내는 특징을 가지고 있다면, 염기는 어떤 맛일까요?

염기의 맛

먹을 수 있는 염기성 물질은 대부분 쓰고 떫은 맛을 가지고 있어요. 쓴맛이라면 빼놓을 수 없는 음식으로 커피가 있지요. 커피에 들어 있는 카페인 성분이 바로 염기성 물질이에요. 너무 써서 먹기 싫은 감기약에도 약한 염기성 성분이 들어 있어요.

빵을 만들 때 들어가는 대표적인 재료 베이킹 소다도 염기성 물질이에요. 손가락으로 콕 찍어 맛을 보면 쓰고 떫은 염기의 맛을 느낄 수 있답니다.

모든 염기성 물질을 먹을 수 있는 건 아니에요. 먹으면 안 되는 위험한 물질이 매우 많답니다.

염기의 특징

염기의 대표적인 특징은 단백질을 녹일 수 있다는 것이에요. 우리 몸에서 나오는 기름이나 때, 피부, 머리카락 등의 주요 성분은 단백질이에요. 그래서 염기성 물질은 세제로 많이 사용해요.

화장실 하수구가 머리카락으로 꽉 막혀 물이 잘 내려가지 않을 때, 염기성 세제를 뿌리고 얼마간 기다리면 머리카락이 녹아 물이 시원하게 내려가요. 빨래할 때 사용하는 세제나 머리를 감을 때 쓰는 샴푸도 모두 염기성 물질이에요. 손을 닦을 때 쓰는 비누도 약한 염기성 물질이지요.

아침에 늦게 일어나 급하게 세수하다가 혹시 비누 거품이 입에 들어간 적이 있었나요? 그랬다면 아마 쓰고 떫은 염기의 맛을 이미 경험해 봤을 거예요.

T!P
염기는 산으로, 산은 염기로 물리친다!

욕실에서 쓰는 세제는 대부분 염기성이지만, 산성 세제를 써야 하는 경우도 있어요. 단백질이 아닌 물질을 청소해야 할 때예요.
오줌에는 염기성 물질인 암모니아가 많이 들어 있어요. 염기성 물질로 생긴 때는 염기성 세제로 잘 지워지지 않아요. 오줌 찌꺼기 같은 염기성 물질을 제거할 때는 산성 세제를 써야 해요. 바로 염기는 산으로, 산은 염기로 없애는 거예요.

생활 속 산과 염기 이용하기

우리 주변을 잘 살펴보면 생활 속에서 산과 염기를 이용하는 예를 많이 찾아볼 수 있어요. 산이네 가족이 함께 저녁 식사를 하러 갔을 때, 생선구이에 함께 나온 레몬도 좋은 예지요. 물론 염이는 이 레몬을 산이를 골탕 먹이는 데 쓰기는 했지만요.

생선에 레몬을 뿌리는 이유

회나 구이 같은 생선 요리를 먹을 때 레몬이 함께 나오는 경우가 많아요. 여기에도 산과 염기의 비밀이 숨어 있어요.

생선 비린내는 염기성 물질 때문에 나요. 여기에 산성 물질이 들어 있는 레몬즙을 뿌리면 비린내가 사라져 생선 요리를 더 맛있게 먹을 수 있지요.

김치가 너무 푹 익어 시큼한 맛이 나는 것도 산과 염기의 성질을 이용해 덜 시게 할 수 있어요. 담근 지 오래된 김치는 시간이 지나면서 신맛을 내는 산성 물질이 많아져요. 그래서 김치가 시큼해져요.

김치가 너무 시큼할 때는 염기성 물질이 들어 있는 달걀 껍데기나 조개껍데기를 함께 넣어 둬요. 그러면 신맛을 줄일 수 있어요. 염기로 산을 물리치는 것이지요.

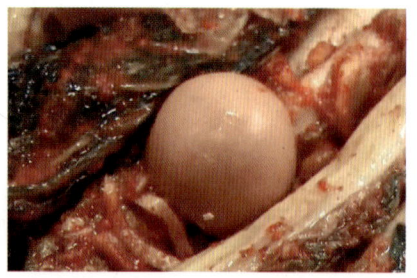

생활 속으로 들어온 산과 염기

밥을 제때 먹지 않거나 자극적인 음식을 먹으면 위산*이 많이 나와 속이 쓰릴 때가 있어요. 이때 속을 편안하게 하는 약 성분이 바로 염기예요. 염기로 산을 물리치는 원리를 이용한 거예요.

곤충에 물렸을 때나 쏘였을 때도 염기성 물질을 이용해요. 곤충의 독은 폼산이라는 산성 물질이기 때문에 염기성 물질인 암모니아수를 발라 치료한답니다.

변기에 낀 오래된 오줌 찌꺼기와 나쁜 냄새는 김빠진 콜라를 부어 없앨 수 있어요. 집에 김이 다 빠져서 먹기 싫은 콜라가 있으면 변기에 붓고 10분 정도 기다렸다가 물을 내려 봐요. 콜라 속 산성 물질이 염기성 물질인 오줌 찌꺼기를 싹! 없애 줄 테니까요. 여러분도 생활 속에서 산과 염기를 이용하는 경우를 찾아봐요!

T!P 우유와 식초로 만드는 치즈

산과 염기를 이용하면 집에서 우유를 가지고 치즈를 만들 수 있어요. 산성은 단백질을 굳게 하는 성질이 있어요. 우유에 식초나 레몬즙을 뿌리면 우유 속의 단백질이 굳으면서 몽글몽글 응어리가 지는 것을 볼 수 있어요. 이 응어리가 된 부분을 모아 뭉치면 치즈가 돼요.

★ **위산** 위에서 만들어지는 액체 속에 들어 있는 산

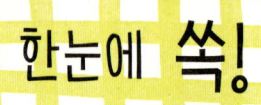

우리 주변의 산과 염기

부엌에서 찾은 산

- 산의 특징 : 신맛
- 신맛을 내는 대표적 물질 : 아세트산, 시트르산(구연산)
- 아세트산 : 식초의 주요 성분
- 시트르산 : 귤, 레몬, 자두, 포도 등 신맛이 강한 과일의 주요 성분
- 황산이나 염산 등 먹을 수 없는 산성 물질도 많음
- 주로 '~산'이라는 이름을 가짐

욕실에서 찾은 염기

- 염기의 맛 : 대부분 쓰고 떫은 맛
- 염기의 특징 : 단백질을 녹임
- 우리 몸에서 나오는 기름이나 때, 머리카락 등의 주요 성분은 단백질이기 때문에 대부분의 세제가 염기성 물질임
- 염기성 물질을 이용한 제품 : 비누, 샴푸, 치약, 빨래·청소용 세제 등

생활 속 산과 염기 이용하기

- 산성 물질을 없앨 때는 염기성 물질을 이용함
  염기성 물질을 없앨 때는 산성 물질을 이용함
  ⋯➞ 산은 염기로, 염기는 산으로 물리침
- 생선의 비린내(염기)는 레몬즙(산)으로 제거함
- 신김치의 시큼한 맛(산)은 달걀 껍데기나 조개 껍데기(염기)로 제거함
- 위산(산) 때문에 속이 쓰릴 때는 속을 편안하게 하는 약(염기)을 먹음
- 곤충에게 물렸을 때는 폼산이라는 독(산)을 없애기 위해 암모니아수(염기)를 바름
- 변기에 낀 오줌 찌꺼기(염기)는 김빠진 콜라(산)로 없앰

우리 주변의 산과 염기 • 23

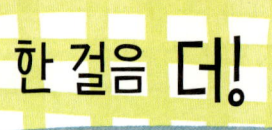

가장 오래, 널리 사용된 산 : 식초

역사 속에서 식초를 사용한 기록은 기원전 자료에서부터 발견할 수 있어요. 구약 성경에 기원전 13세기경 와인 식초를 사용했다는 기록이 나와 있지요. 기원전 400년경에는 '서양 의학의 아버지'라고 불리는 히포크라테스가 환자를 치료할 때 식초를 사용했다는 기록이 남아 있어요.

식초에 관련된 역사 속 이야기 중 가장 유명한 건 진주를 삼킨 클레오파트라 이야기예요.

지금으로부터 약 2,000년 전, 미인의 대명사로 꼽히는 고대 이집트의 여왕 클레오파트라는 로마 제국의 지도자 안토니우스에게 세상에서 가장 비싼 파티를 열겠다고 내기를 걸었어요. 하지만 안토니우스는 그 말에 코웃음을 쳤지요. 당시 이집트는 로마보다 힘이 약했기 때문에 그럴 능력이 없다고 생각했거든요.

드디어 파티를 여는 날이 되었어요. 안토니우스는 파티를 둘러본 뒤 역시 평소에 열던 파티와 별다를 게 없다고 느꼈어요. 그때였어요. 클레오파트라가 안토니우스가 보는 앞에서 잔에 진주 귀고리를 넣고 단숨에 마셨어요.

안토니우스뿐만 아니라 파티장에 있던 모든 사람들이 놀라 눈이 휘둥그레졌지요. 그도 그럴 것이 클레오파트라의 귀고리는 '달의 눈물'이라고 불리던, 당시 세계에서 가장 값비싼 진주였거든요.
클레오파트라가 다른 한쪽의 진주도 마시려고 하자, 안토니우스는 황급히 클레오파트라를 말리며 내기에서 졌다고 말했답니다.

그런데 클레오파트라는 어떻게 진주를 먹고도 괜찮았을까요? 진주의 주성분은 탄산칼슘이라는 염기성 물질인데, 이 물질은 산이랑 만나면 녹아요. '달의 눈물'은 아마 식초가 든 잔에서 한 번, 위 속에 들어가 위산에 의해 또 한 번 녹았을 거예요.

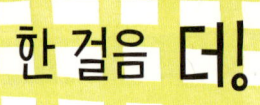

활용도 높은 염기 : 베이킹 소다

사람들이 밀가루를 이용해 빵을 만들었다는 기록은 이집트 문명에서 처음 발견되었어요.
빵을 만들 때는 밀가루 반죽을 발효시켜 부풀려 줄 수 있는 성분이 필요해요.
요즘은 슈퍼마켓에서 베이킹 소다를 사서 넣으면 되지만 1800년대 이전에는 빵 반죽을 공기 중에 일주일 정도 두어 자연적으로 발효시켰어요. 빵 하나를 먹기 위해 일주일을 기다려야 했다니, 지금은 상상하기 어려운 일이지요.

집안일에 큰 도움이 되는 베이킹 소다

처음 개발된 베이킹 소다의 주재료는 탄산수소나트륨이라는 염기성 성분이었어요. 주로 빵이나 과자를 만들 때 사용했지요.
요즘에는 이 물질이 나쁜 냄새와 오염 물질을 없애는 데 큰 효과가 있다

는 점이 널리 알려져 가정에서 많이 사용돼요. 빨래, 청소, 설거지 등 집안일에 주로 사용하지요.

베이킹 소다와 산성 물질이 만나 탄생한 베이킹파우더

베이킹 소다로 빵을 만들 때는 산성 물질인 버터밀크를 따로 넣어야 했어요. 산성 물질을 만나야 이산화탄소라는 기체를 만들어 제대로 빵을 부풀릴 수 있었거든요.

이에 불편함을 느꼈던 미국의 화학자 코넬리우스는 베이킹 소다에 산성 물질을 미리 넣은 가루인 '베이킹파우더'를 개발했어요.

베이킹파우더 속 염기성 물질과 산성 물질은 마른 상태에서는 반응하지 않고, 물이 들어가면 반응하여 이산화탄소를 만들어 냈지요.

따로 버터밀크를 사지 않아도 되자, 소비자들은 너도나도 베이킹파우더를 샀어요. 코넬리우스는 베이킹파우더를 이용한 요리 레시피를 만들어 사람들에게 나눠 주기도 했지요. 이후 베이킹파우더는 큰 인기를 얻었고, 지금까지 사용되고 있답니다.

2화

산일까? 염기일까?

 산과 염기의 정체

- 산과 염기의 비밀
- 산과 염기를 찾아내는 명탐정 지시약
- 산 VS 염기, 누가 더 셀까?
- 산과 염기가 만나면 중화 반응

한눈에 쏙 - 산과 염기의 정체
한 걸음 더 - 양배추로 만드는 지시약 편지

산과 염기의 정체 • 31

산과 염기의 정체

 산과 염기의 비밀

산의 특징인 신맛은 '산'이라는 이름이 지어지는 데 바탕이 되었어요. 산은 영어로 'acid'라고 하는데, 이 글자는 신맛이라는 뜻의 라틴어 'acidus'에서 생겼거든요.

염기는 영어로 'base'라고 해요. 이 이름은 '기초'라는 의미의 그리스어 'basis'에서 생겼어요. 옛날 사람들은 염산과 같은 강한 산성 물질에 강한 염기성 물질을 넣으면 소금과 같은 염(salt)이 만들어지는 것을 발견했어요. 여기서 염기성 물질이 염을 만드는 기초 물질이라고 생각한 거예요. 그래서 '기초(basis)'라는 뜻에서 'base'라는 이름이 붙었답니다.

> 라틴어로 신맛 **acidus** ⋯▶ 영어로 산 **acid**
> 그리스어로 기초 **basis** ⋯▶ 영어로 염기 **base**

물에 녹으면 나타나는 산과 염기의 비밀

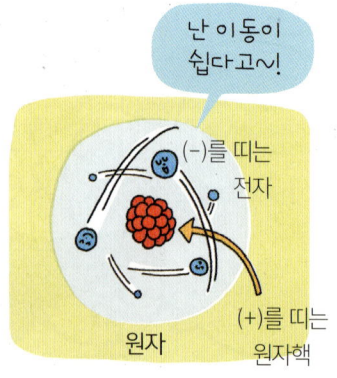

신맛과 쓴맛의 비밀은 물에 녹았을 때 생기는 '이온'에 있어요. 이온을 이해하려면 물질의 가장 작은 단위인 원자를 알아야 해요.

원자는 (+)를 띠는 원자핵이 가운데 있고, (−)를 띠는 전자들이 그 주변을 둘러싸고 있어요. 이 전자 중에는 다른 원자로 쉽게 들락날락할 수 있는 것이 있어요. 어떤 원자는 전자를 다른 원자에 쉽게 뺏기기도 하고, 어떤 원자는 다른 원자로부터 전자를 쉽게 받기도 해요.

전자를 받은 원자는 원래보다 (-)가 많아져 전체적으로 (-)를 띠어요. 이 상태를 음이온이라고 해요. 반대로 전자를 빼앗긴 원자는 (+)를 띠는데 이를 양이온이라고 해요.

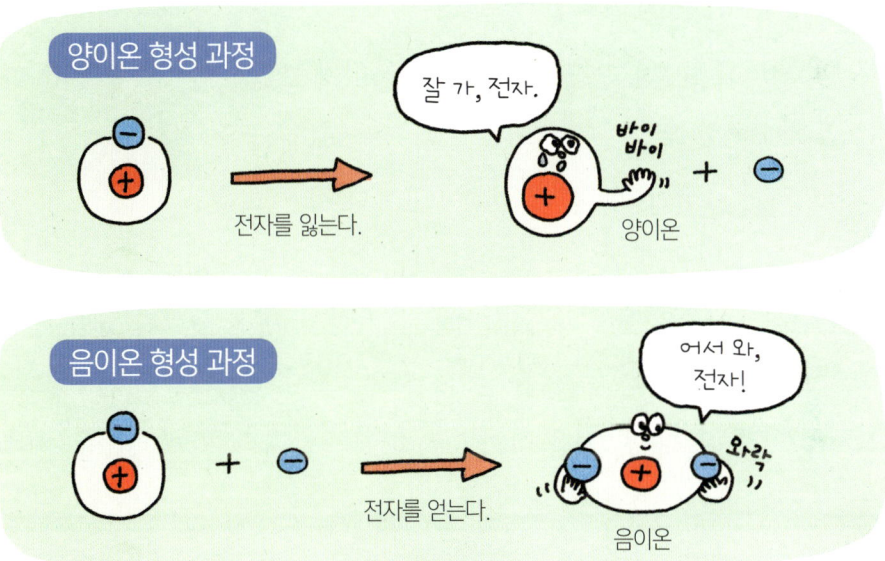

그럼 산과 염기가 물에 녹았을 때 생기는 이온은 무엇일까요? 산성 물질과 염기성 물질은 물에 녹았을 때 각각 수소 이온(H^+)과 수산화 이온(OH^-)을 물속에 내놓아요.

맛으로 어떤 성질인지 알 수 없거나, 먹으면 위험한 물질 등은 이온을 확인하여 산과 염기를 구분해요. 지시약을 이용하면 물속에서 어떤 이온을 내놓는지 확인할 수 있답니다.

산과 염기를 찾아내는 명탐정 – 지시약

우리 눈은 물질을 아무리 가까이 들여다봐도 원자나 이온을 볼 수 없어요. 산인지 염기인지 눈으로 확인할 수 없고 맛볼 수도 없을 때는 지시약을 이용하여 쉽게 구분할 수 있어요.

지시약을 발견한 보일

산과 염기를 구분하는 방법은 영국의 과학자 보일에 의해서 아주 우연히 발견되었어요. 그는 '보일의 법칙'이라는 유명한 이론을 발견한 사람이에요.

어느 날, 보일은 황산염을 가지고 아주 강한 산인 황산을 만드는 실험을 하고 있었어요. 그러던 중 황산 연기가 실험 기구 밖으로 조금 새어 나오는 것을 알아챘어요. 그는 서둘러 실험 기구를 움직여 연기가 나오는 구멍을 막았어요. 하지만 실험대 위에 놓아둔 제비꽃 다발에 이미 황산 연기가 닿은 뒤였지요.

오잉? 제비꽃이 왜 붉은색이 되었지?

보일은 꽃에 묻은 황산을 씻어 내기 위해 큰 그릇에 물을 가득 떠 와 꽃다발을 물속에 담가 두었어요. 그런데 잠시 후, 보일은 물에 담가 둔 제비꽃을 보고 깜짝 놀랐어요. 보라색이었던 제비꽃이 모두 붉게 변해 버린 거예요.

색 변화에 호기심이 생긴 보일은 제비꽃

을 더 가져와 산성 용액을 뿌려 보았어요. 그러자 마찬가지로 꽃잎이 붉어졌지요.

보일은 실험을 통해 리트머스이끼나 배꽃, 재스민과 같은 다른 식물도 산성 용액을 만나면 색깔이 변한다는 사실을 알게 되었어요. 그는 그 뒤로도 이런 식물들을 이용해 여러 물질을 산과 염기로 구분해 보았어요.

이처럼 색깔의 변화로 산과 염기를 구분하는 물질을 지시약이라고 해요. 지시약은 꽃이나 이끼 같은 식물로 만들거나, 화학 약품을 이용해 만들어요.

指 示 藥
가르킬 지 보일 시 약 약

지시약의 색 변화

산인지 염기인지 알 수 없는 용액에 지시약을 떨어뜨린 뒤 어떤 색깔로 변하는지 확인하면 손쉽게 산, 염기를 판단할 수 있답니다.

산 VS 염기, 누가 더 셀까?

산성이나 염기성 물질에 들어 있는 성분의 세기는 물질마다 다 달라요. 산성 물질 중에 힘이 센 것을 강산, 약한 것을 약산이라고 해요. 염기성 물질도 강염기, 약염기로 나눌 수 있지요.

산과 염기가 팔씨름을 하는 것도 아닌데 어떻게 뭐가 더 센지 알 수 있는 걸까요? 비밀은 바로 물에 녹았을 때 나오는 수소 이온(H^+)과 수산화 이온(OH^-)에 있어요.

수소 이온   수산화 이온

수소 이온과 수산화 이온의 농도로 알아보는 pH

앞에서 말한 것처럼, 산과 염기는 물에 녹으면 이온을 내놓아요. 이때 산과 염기의 세기가 강하면 강할수록 물속에 더 많은 이온을 내놓지요. 강산은 약산보다 물속에 수소 이온을 더 많이 내놓고, 강염기는 약염기보다 수산화 이온을 더 많이 내놓지요.

따라서 물속에 녹아 있는 이온의 농도를 재 보면 어떤 것이 더 강하고 약한지 알 수 있어요.

○ 수소 이온

산과 염기의 세기를 재는 자 – pH 농도

사람들은 물속에 녹아 있는 수소 이온과 수산화 이온의 농도를 간단한 숫자로 나타냈어요. 숫자만으로 산과 염기의 세기를 쉽게 비교할 수 있지요. 길이를 재는 자 대신, 산성과 염기성을 재는 자라고 생각하면 돼요. 이 자의 이름을 산도(pH)라고 해요.

산도에는 0부터 14까지의 숫자가 표시되어 있어요. 가운데 숫자인 7은 산성도 염기성도 아닌 중성이에요. 중성은 시소의 가운데처럼 어느 쪽으로도 치우치지 않은 성질을 뜻하지요.

7보다 숫자가 작으면 작을수록 더 강한 산성을 나타내요. 반대로 7보다 숫자가 크면 클수록 더 강한 염기성을 나타내지요.

숫자가 1만큼 작아질수록 수소 이온 농도는 10배씩 진해져요. pH2인 산보다 pH1인 산이 수소 이온을 10배 더 많이 내보내므로 더 강산이라는 뜻이랍니다.

산과 염기가 만나면 중화 반응

 산이 녹아 있는 물에 염기를 섞으면 어떻게 될까요? 산과 염기를 섞으면 산의 수소 이온(H^+)과 염기의 수산화 이온(OH^-)이 하나씩 만나 물(H_2O) 성분 하나를 만들어요. 물은 산성도, 염기성도 아닌 중성이에요. 그래서 물의 pH는 바로 7이랍니다.

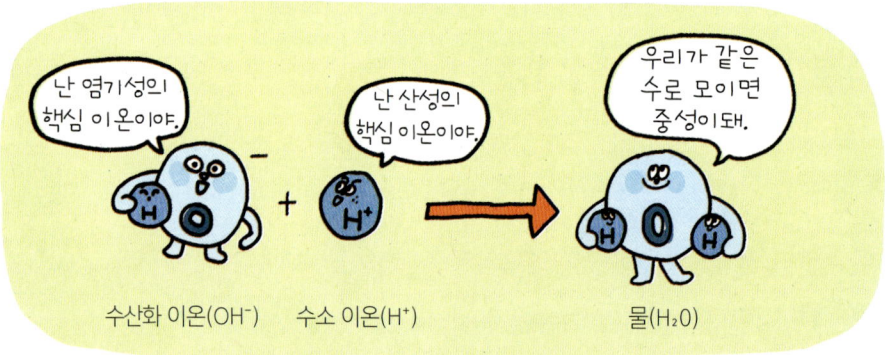

 앞서 pH 농도에서 보았듯이, 산성과 염기성은 양 끝으로 갈수록 점점 강해지고 가운데로 올수록 약해요. 따라서 비슷한 세기의 산성과 염기성이 섞이면 중성이 되지요.

다른 세기의 산과 염기가 섞이면?

 강산과 약염기, 또는 약산과 강염기처럼 서로 세기가 다른 산과 염기가 섞이면 어떻게 될까요? 물속에 수소 이온과 수산화 이온이 똑같은 개수만큼 있다면 하나씩 만나 모두 물이 될 거예요. 하지만 강산과 약염기를 섞으면 수소 이온의 개수가 수산화 이온보다 많을 거예요. 그러면 수산화 이온만큼의 수소 이온을 다 써 버린 후에도 물이 되지 못한 수소 이온이 남을 거예요. 따라서 여전히 그 용액은 산성을 띠지요.

반대의 경우에도 마찬가지예요. 약산과 강염기를 섞는다면 수산화 이온의 개수가 더 많이 남을 테니, 섞은 후에도 여전히 염기성을 띨 거예요.

이렇게 산과 염기는 서로 만나면 힘을 약하게 하거나 아예 힘을 잃어 버리기도 해요. 염기성인 생선의 비린내를 산성인 레몬으로 잡고, 산성인 김치의 신맛을 염기성인 달걀 껍데기로 잡는 비밀이 바로 이 중화 반응에 있답니다.

파마할 때도 산성과 염기성이 필요해!

사람의 머리카락은 단백질 성분으로 이루어져 있어요. 머리카락 모양을 곧게 펴거나, 꼬불꼬불하게 파마를 하려면 단백질 성분을 약하게 만들어야 하지요.

파마할 때 머리카락에 제일 먼저 바르는 물질은 약한 염기성이에요. 염기성 물질은 단백질을 녹이는 성질이 있으니까요. 그런 다음 원하는 모양으로 오랜 시간 놔둔 뒤, 산성 물질을 발라 머리카락을 중화시켜요. 그러면 머리카락의 모양이 고정된답니다.

산과 염기의 정체

산과 염기의 비밀

- 산 : 산을 뜻하는 영어 acid는 신맛을 뜻하는 라틴어에서 생김
- 염기 : 염기를 뜻하는 영어 base는 기초를 뜻하는 그리스어에서 생김
- 염기가 '기초'라는 단어에서 생긴 이유 :
  ⋯ 강한 산성 물질에 강한 염기성 물질을 넣으면 염(소금)이 생기는데, 이때 염기성 물질이 염을 만드는 기초 물질이라고 생각했기 때문
- 물에 녹은 산과 염기는 각각 수소 이온과 수산화 이온을 내놓음
  ⋯ 용액 속에 어떤 이온이 있는지 확인하여 산과 염기를 구분함
- 양이온 : 전자를 잃은 원자   • 음이온 : 전자를 얻은 원자

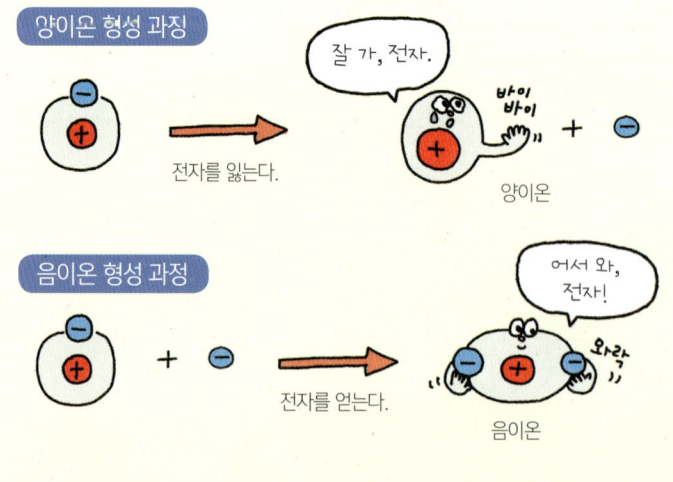

지시약

- 색깔의 변화로 산과 염기를 구분하는 물질
- 영국의 과학자 보일이 지시약을 발견함
- 꽃, 이끼 같은 식물이나 화학 약품 등으로 만듦

지시약 \ 성질	산성	중성	염기성
리트머스 종이	🔴	🟣	🔵

산과 염기의 세기

- 강산은 약산보다 수소 이온을, 강염기는 약염기보다 수산화 이온을 더 많이 내놓음
  ⋯▶ 물속에 녹아 있는 이온의 농도를 재 보면 성분의 세기를 알 수 있음
- 산도(pH) : 산과 염기의 세기를 0~14의 숫자로 표현한 것
- 중성인 pH7보다 숫자가 작으면 산성, 크면 염기성

중화 반응

- 비슷한 세기의 산과 염기가 섞이면 중성이 됨
- 서로 세기가 다른 산과 염기가 섞이면 더 강한 쪽 성질을 띰
  예) 약산 + 강염기 ⋯▶ 수소 이온과 수산화 이온이 하나씩 짝을 짓고 나면, 수산화 이온이 남기 때문에 염기성을 띰
- 생선의 비린내와 김치의 신맛을 없애는 데 사용하는 원리

양배추로 만드는 지시약 편지

보일이 제비꽃에서 지시약의 힌트를 얻은 것처럼, 우리도 쉽게 구할 수 있는 재료로 지시약을 만들 수 있어요. 산이나 염기를 만나면 색깔이 변하는 지시약 원리를 이용하여 특별한 편지를 만들어 봐요.

준비물

자주색 양배추 | 냄비 | 물 | 체 | 도화지 | 붓 | 식초나 소다 등 산성, 염기성 용액 | 면봉

❶ 자주색 양배추를 잘게 썰어 냄비에 넣어요.

❷ 냄비에 양배추가 잠길 정도로 물을 붓고 팔팔 끓여요. 양배추즙이 우러날 때까지 삶아요.

❸ 양배추즙이 우러나면 체에 걸러 양배추 건더기를 버리고 보라색 물만 따로 모아요.

❹ 보라색 물을 도화지에 여러 번 바르고 말려요. 도화지가 다 마르면 연한 자주빛을 띠지요. 여기까지 하면 지시약 편지지 완성!

❺ 식초나 소다를 녹인 물을 면봉에 묻혀 지시약 편지지에 편지를 써요.

짜잔! 편지지 위에 붉은색, 푸른색 알록달록한 글씨가 나타났나요? 자주색 양배추로 만든 지시약 편지지에 시초 같은 산성 물질로 글을 썼다면 붉은색 글자가, 소다 같은 염기성 물질로 썼다면 푸른색이나 노란색 글자가 나타났을 거예요. 식초와 소다뿐만 아니라 레몬즙, 우유, 비눗물 등 집안에서 찾아볼 수 있는 다양한 재료로 편지를 써 봐요.

3화
주위를 둘러봐!
환경 자연에서 찾은 산과 염기

- 알록달록 수국의 비밀
- 개미와 벌의 무기
- 산성비의 습격

한눈에 쏙 - 자연에서 찾은 산과 염기
한 걸음 더 - 자연이 만든 예술 작품 : 동굴

알록달록 수국의 비밀

봄이 지나고 초여름 즈음이 되면 아파트 단지나 주택가 화단에서 쉽게 볼 수 있는 꽃이 있어요. 바로 수국이지요.

수국은 한 가지 색이 아니라 신기하게도 빨간색, 파란색, 보라색 등 다양한 색으로 펴요. 또한 자라면서 색이 변하기도 하지요. 이렇게 수국의 색이 알록달록한 이유는 자라는 땅의 pH 때문이랍니다.

산과 염기를 만난 수국 속 안토시아닌

수국에는 안토시아닌이라는 성분이 들어 있어요. 이 성분은 흙 속에 있는 알루미늄 이온을 만나면 파란색으로 변하고, 알루미늄 이온이 없으면 붉은색이 돼요. 알루미늄은 흙이 산성일 때 잘 녹아서 알루미늄 이온을 내놓아요. 반대로 땅이 염기성을 띠면 녹지 않아 알루미늄 이온을 내놓지 못해요. 따라서 수국을 심은 땅이 산성을 띠면 알루미늄 이온을 만나 파란색 꽃이 피고, 염기성을 띠면 빨간색 꽃이 핀답니다.

파란색 수국이 자라는 곳에 염기성 물질인 달걀 껍데기를 잘게 빻아 뿌려 놓으면 해가 지날수록 점점 더 빨간색으로 변할 거야.

산성   염기성

수국은 pH3 정도인 산성 흙에서는 잘 자라지만, 강한 염기성 흙에서는 잘 자랄 수 없어요. 따라서 분홍색이나 빨간색 수국을 보려면 약한 염기성인 흙에 꽃을 심어야 해요.

제비꽃으로 만들어 보는 지시약

제비꽃의 색 변화 원리를 이용하여 지시약을 만들 수 있어요. 집에서 쉽게 실험할 수 있는 지시약을 만들어 봐요.

① 제비꽃을 잘게 썰어 그릇에 담아요.

② 제비꽃이 담긴 그릇에 뜨거운 물을 붓고 보라색 물을 우려내요.

③ 우러난 보라색 물만 따로 모아요.

④ 비눗물(염기성), 물(중성), 식초(산성)를 준비해요.

⑤ 각 용액에 보라색 물을 아주 조금씩 뿌리며 색 변화를 관찰해요.

할미꽃으로도 가능해!

 개미와 벌의 무기

여러분도 로몬이처럼 숲속이나 나무가 많은 곳에 놀러 갔다가 개미나 벌에 쏘여 본 적이 있나요? 정말 생각만 해도 따끔따끔하네요. 내 코가 다 얼얼해지는 것만 같아요.

곤충들이 쏘는 산성 물질

개미나 벌처럼 작고 약해 보이는 곤충들도 위협을 느끼면 몸속에 있는 무기를 이용해 스스로를 지켜요. 개미나 벌이 쏘는 무시무시한 독침! 사실 그 독은 진짜 독이 아니라 산성 물질이에요.

개미가 내뿜는 산은 '개미산'이라고 해요. 화학에서 쓰는 정식 이름은 폼산이지요. 폼산은 사람 피부에 물집이 생기게도 하는, 꽤나 강한 힘을 가진 산성 물질이에요.

하지만 모든 개미가 이렇게 폼산을 쏘는 건 아니에요. 개미 중에서도 성질이 고약한 불개미 정도가 사람에게 피해를 줄 정도의 개미산을 쏘지요. 나머지 개미들은 뒤따라오는 개미들의 길을 안내할 수 있을 정도로만 개미산을 내뿜어요.

산성에 쏘이면 염기성으로 해결

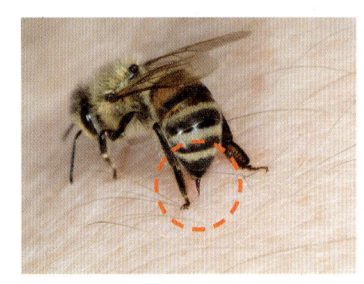

 개미나 벌에 쏘이면 염기성으로 된 약을 발라 응급 처치를 해요. 산성인 독을 염기성 약이 중화시켜 힘을 잃게 하거든요.

 벌레 물린 데 바르는 약이나 암모니아수는 염기성이기 때문에 벌레에 물려 부어오른 곳의 부기와 통증을 재빨리 가라앉혀 줄 수 있어요.

 옛날 사람들은 벌레에 물렸을 때 그 부위에 된장을 발랐어요. 거짓말 같다고요? 하지만 사실이에요. 그리고 근거가 있는 행동이지요. 된장 속에 염기성 물질이 들어 있거든요. 조상들의 경험에서 나온 치료법에도 바로 이 산과 염기의 비밀이 숨어 있던 거예요. 하지만 요즘에는 약품이 따로 있고, 염증이 생길 수도 있으므로 된장을 바르지 않아요.

T!P 말벌의 침은 **염기성**이라고?

모든 벌의 침이 산성인 것은 아니에요. 특이하게도 말벌의 침은 산성이 아니라 염기성이거든요. 따라서 말벌에 쏘였을 때는 염기성 약을 바르면 안 돼요. 또한 말벌은 침의 세기가 다른 벌보다 훨씬 강하고 위험해요. 특히 장수말벌의 독은 꿀벌보다 500배나 더 강하므로, 쏘이면 곧장 병원에 가야 해요.

산성비의 습격

비는 언제 어디서든 항상 산성이에요. pH를 재면 7보다 조금 낮지요. 비는 강이나 바다 같은 곳에 있는 물이 증발했다가 다시 빗방울이 되어 떨어지는 거예요. 그런데 왜 중성이 아니라 산성일까요? 그건 바로 구름에서 만들어진 비가 밑으로 떨어지면서, 공기 중에 있는 이산화탄소를 머금고 내려오기 때문이에요.

이산화탄소는 물에 녹으면 약한 산성을 띠기 때문에 아무리 깨끗한 빗물이라도 대기를 지나 땅에 떨어질 땐 산성을 띠지요.

그렇다면 모든 비를 '산성비'라고 불러야 할까요? 그렇지 않아요. 우리가 흔히 산성비라고 부르는 비는 pH가 5.6보다 낮은 산성을 나타내는 비예요. 깨끗한 비는 pH가 5.6 정도이기 때문에 그보다 pH가 낮을 때만 산성비라고 하지요.

환경 오염이 만들어 낸 산성비

산성비가 생기는 이유는 공기 중에 떠다니는 오염 물질이 가장 큰 원인이에요. 특히 질소산화물이나 황산화물이 주요 원인이지요.

이 두 가지 물질은 빗속에 녹아들면 아주 강한 산성 물질인 질산과 황산으로 변해요.

그럼 질소산화물이나 황산화물은 왜 공기 중에 떠다니는 것일까요? 황산화물은 보통 석유나 석탄에 섞여 있는 황이 탈 때 생기는 물질이에요. 자동차나 비행기, 기차 등 대부분의 교통수단은 석유를 사용해요. 질소산화물도 연료를 높은 온도에서 태울 때 생기는 질소가 공기 중에 있는 산소와 만나면서 만들어져요.

산성비 속 주요 산성 물질은 화산 폭발이나 산불처럼, 불이 나서 자연스럽게 생기기도 해요. 하지만 가장 큰 원인은 사람들이 사용하는 연료 때문이에요. 거리에 가득한 자동차, 공장에서 뿜어내는 매연 등이 모두 산성비의 주된 원인이랍니다.

산성비를 맞으면 어떻게 될까?

1950년대, 북유럽 국가들은 산성비 때문에 골머리를 썩고 있었어요. 울창하던 숲이 줄어들고,

매연을 줄여야 공기 중에 오염 물질도 줄어들 텐데······.

물고기가 떼죽음을 당하거나 사라지기 시작했거든요. 사람들은 영국의 수많은 공장에서 내뿜는 대기 오염 물질이 원인이라고 생각했어요. 석탄이 탈 때 생기는 오염 물질이 공기를 오염시키고 산성비를 만들어 많은 동식물이 제대로 자라지 못하는 거라고요.

산성비는 동식물에게만 피해를 입히는 게 아니었어요. 산성 물질이 금속이나 대리석 같은 물질을 쉽게 녹이기 때문이에요.

산성비 때문에 그리스 아테네에 있는 파르테논 신전과 아크로폴리스, 독일의 쾰른 성당, 인도의 타지마할 등 유명한 건물들이 조금씩 녹아내리고 있어요.

산성비로 인해 황폐해진 숲과 녹아 버린 조각상

산성비는 우리 몸에도 나쁜 영향을 줘요. 눈이나 피부에 닿으면 강한 산성으로 인해 질병이 생길 수 있어요.

산성비에 오염된 식물이나 병든 농작물, 물고기 등을 먹으면 몸속에 나쁜 물질이 쌓일 수도 있지요. 환경 오염이 더 심해지면 산성비가 동식물을 죽이고, 건물과 동상도 녹여서 결국 지구 전체를 병들게 할지도 몰라요.

산성비로부터 지구를 지키는 법

산성비를 막기 위해 가장 먼저 해야 할 행동은 사람들이 관심을 갖고 오염 물질을 줄이려고 노력하는 것이에요.

우리나라에서는 버스에서 나오는 오염 물질을 줄이기 위해 석유를 사용하는 버스를 줄이고 있어요. 그 대신 천연가스를 사용하는 버스를 많이 늘리고 있지요. 천연가스에는 황이 없기 때문에 황산화물을 줄이는 데 도움이 돼요.

일반 자동차에는 질소산화물을 줄여 주는 장치를 달기도 해요. 승용차 요일제 같은 제도를 통해 자동차의 운행을 제한하거나, 석유 대신 전기나 수소를 에너지로 쓰는 자동차를 개발하기도 해요.

앞으로 연구가 더 활발히 진행되어 나쁜 물질을 만들지 않는 깨끗한 에너지가 개발된다면 환경 오염을 막을 수 있을 거예요. 지금 책을 읽고 있는 여러분 중에서 미래의 청정에너지*를 개발해 낼 주인공이 있을지도 몰라요.

승용차 요일제

전기 자동차

승용차 요일제는 운전자가 월~금요일 중 운행하지 않는 요일을 스스로 정하여 지키는 실천 운동이야.

★ **청정에너지** 오염 물질을 만들지 않는, 맑고 깨끗한 에너지

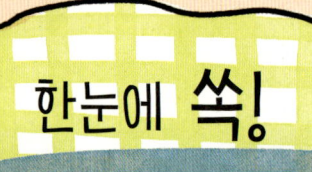

자연에서 찾은 산과 염기

수국의 비밀
- 수국 속 안토시아닌 : 자라나는 땅의 흙 성분에 따라 색이 달라짐
- 땅이 산성일 때 ⋯▶ 파란색 수국이 피어남
- 땅이 염기성일 때 ⋯▶ 빨간색 수국이 피어남

산성   염기성

개미와 벌의 무기
- 개미산 : 개미가 내뿜는 산으로, 정식 이름은 폼산
- 곤충의 독은 산성이므로 염기성으로 된 약을 발라 중화시킴
- 말벌의 침은 염기성이며, 세기가 다른 벌보다 훨씬 강하고 위험함
  ⋯▶ 쏘였을 때 곧장 병원에 갈 것

산성비의 원인

- 비가 항상 산성인 이유 ⋯▶ 구름에서 만들어진 비가 밑으로 떨어질 때, 공기 중에 있는 이산화탄소를 머금고 내려오기 때문
- 산성비의 기준 : pH5.6보다 낮은 비
- 산성비의 가장 큰 원인 : 질소산화물, 황산화물
  ⋯▶ 두 물질이 빗속에 녹아들면 강한 산성 물질인 질산과 황산으로 변함

- 질소산화물과 황산화물이 가장 많이 만들어지는 곳
  ⋯▶ 교통수단, 공장의 매연 등 석유와 석탄 등을 사용하는 곳

산성비의 피해

- 공기가 오염되어 동식물이 잘 자라지 못함
- 금속이나 대리석으로 만들어진 집과 조각상 등이 녹음
- 눈이나 피부에 닿으면 질병에 걸릴 수 있음

산성비를 막기 위한 노력

- 오염 물질이 적게 나오는 자동차로 교체 : 천연가스 버스, 전기 자동차 등
- 승용차 요일제 실시
- 청정에너지 개발

한 걸음 더!

자연이 만든 예술 작품 : 동굴

산과 염기는 동식물이 사는 데 꼭 필요한 역할을 하기도 하고, 산성비처럼 환경 오염의 주된 원인이 되기도 해요. 하지만 산과 염기의 반응이 자연환경을 아름답게 만들 때도 있어요. 특히 자연 속 동굴은 산과 염기가 만든 예술 작품이랍니다.

말레이시아 바투 동굴

스페인 드라크 동굴

대한민국 단양 고수 동굴

뉴질랜드 와이토모 동굴

산성인 지하수와 염기성인 석회암

거대한 동굴들은 대부분 석회암이 녹아 생긴 석회 동굴이에요. 석회암의 주성분은 탄산칼슘인데, 이 성분은 약한 염기성을 띠는 물질이에요. 탄산칼슘이 땅속으로 스며든 지하수를 만나면 조금씩 녹아서 석회암 사이에 틈이 생겨요. 지하수는 중성이 아니라 공기나 흙 속에 있는 이산화 탄소가 많이 녹아 있어 약한 산성을 띠고 있지요. 산성을 띠는 지하수가 염기성인 탄산칼슘을 만나 석회암을 녹인답니다.

이 반응이 수천, 수만 년 동안 계속되면서 서서히 그 틈이 넓어졌고, 급기야 엄청난 크기의 동굴이 만들어진 거예요.

종유석, 석순, 석주

동굴의 암석 틈을 흐르는 물이 똑똑 떨어지면서 굴속에 고드름처럼 생긴 종유석을 만들어 내기도 해요. 종유석에서 띨어진 물방울 속 탄산칼슘이 바닥에 쌓여 위로 자라는 석순도 있어요. 종유석과 석순이 서로 길어져 만나기도 하는데, 이를 석주라고 해요.

산과 염기, 그리고 시간이 더해지면 이렇게 전 세계에 아름다운 천연 동굴들이 생겨난답니다.

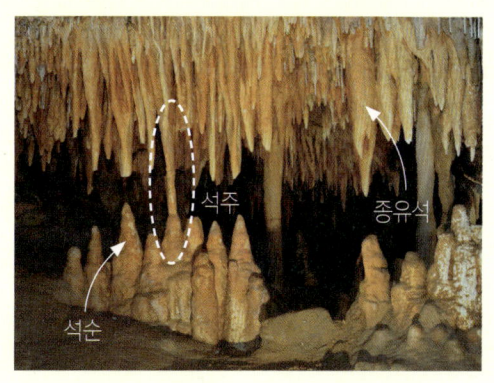

4화
내 몸을 지켜 줘!
인체 우리 몸속 산과 염기

- 나를 성장시키는 산과 염기
- 똥은 산일까, 염기일까?
- 신맛이 나는 염기성 식품?
- 내 몸의 피는 산일까, 염기일까?

한눈에 쏙 - 우리 몸속 산과 염기
한 걸음 더 - 약을 안전하게 장까지 운반하라!

나를 성장시키는 산과 염기

우리 몸에는 아주 강한 산인 염산이 보관된 곳이 있어요. 바로 '위'예요. 위에는 우리가 '위산'이라고 부르는 물질이 들어 있는데, 이 물질의 성분은 염산과 같아요.

염산은 pH2의 아주 강한 산이에요. 그런데 왜 우리 몸속에 이렇게 강한 산이 있을까요?

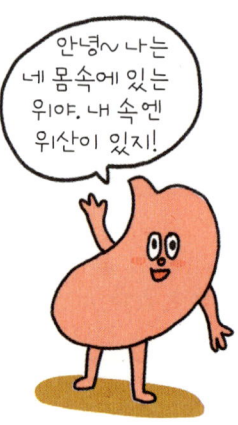

음식물의 소화를 도와주는 고마운 위산

사라질 소 될 화

소화는 음식물에 들어 있는 영양분을 몸이 흡수할 수 있는 형태로 분해하는 과정이에요. 음식을 삼키기 전에 이로 음식을 잘게 부수는 것은 소화에 큰 도움이 돼요. 우리가 먹는 음식물은 잘게 부서져야 몸에 잘 흡수되거든요. 하지만 이것만으로는 부족해요. 씹는 것만으로는 다양한 종류의 영양분을 모두 소화시킬 수 없기 때문이에요.

우리는 말랑한 밥뿐만 아니라 고기, 야채, 딱딱한 마른오징어, 호두, 땅콩 등을 먹어요. 이렇게 다양한 음식을 분해하려면 아주 특별한 능력을 가진 친구가 필요해요. 바로 '소화 효소'예요. 음식물이 소화되는 과정을 살펴보고 소화 효소에 대해 알아봐요.

산을 좋아하는 펩신

꿀꺽! 입속으로 들어간 음식물은 식도를 따라 내려가 위에 도착해요. 위는 아주 시큼한 냄새가 나요. 음식물이 위에 도착하자 위벽이 꿈틀거리더니 위액을 내뿜기 시작해요. 이때 음식물 곁으로 누군가 다가왔어요. 바로 펩신이지요.

음식물이 위에서 처음으로 만나는 효소는 펩신이에요. 펩신은 주로 고기나 달걀 같은 단백질 성분을 분해시키는 데 도움을 주는 효소이지요.

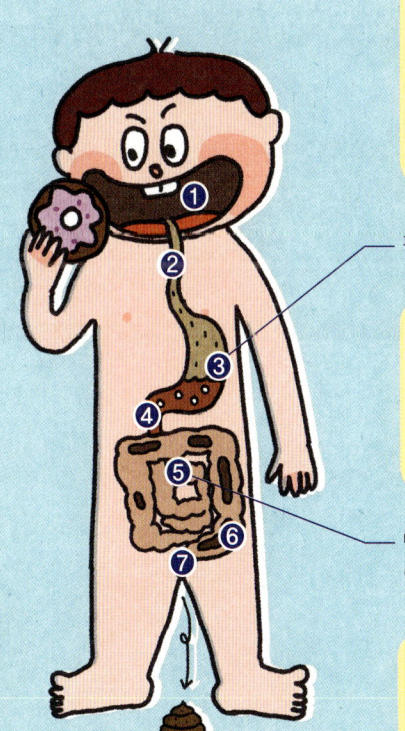

음식물이 소화되는 과정

❶ **입**
이로 잘게 부순 음식물이 침과 섞여 걸쭉해져요.

❷ **식도**
걸쭉해진 음식물이 위로 가는 길이에요.

❸ **위**
위액이 음식물을 녹여요. 위액에 있는 소화 효소 **펩신**이 단백질을 분해해요.

❹ **십이지장**
작은창자의 입구예요. 소화를 돕는 쓸개즙과 이자액이 나와요.

❺ **작은창자**
소화 효소인 **말테이스, 트립신, 라이페이스**가 나와 각각 탄수화물, 단백질, 지방을 분해하고 흡수해요.

펩신이 있는 위

❻ **큰창자**
물만 흡수하고 찌꺼기는 아래로 내려보내요. 이 과정에서 똥이 만들어져요.

말테이스, 트립신, 라이페이스가 있는 작은창자

❼ **항문**
남은 찌꺼기를 내보내요.

우리 몸속 산과 염기 • 71

펩신은 아주 강한 산이 있는 곳을 좋아해서 위에서만 살아요. 위는 늘 pH2의 강한 산인 염산을 내뿜으니까요. 펩신은 염산 속에서 열심히 일한답니다.

위산이 너무 강하면 위가 녹아 버리는 것 아니냐고요? 걱정 말아요. 위벽에는 위산으로부터 위를 보호할 수 있는 보호막이 있거든요. 또 위산은 늘 나오는 것이 아니라, 단백질 성분의 음식을 먹었을 때만 나와요.

염기를 좋아하는 말테이스, 트립신, 라이페이스

위에서 단백질이 어느 정도 분해된 음식물은 위를 지나 십이지장을 거쳐 작은창자로 내려가요. 작은창자에는 또 다른 소화 효소들이 기다리고 있어요. 말테이스, 트립신, 라이페이스 삼 형제이지요.

말테이스는 빵이나 밥 같은 탄수화물을, 트립신은 위에서 분해되지 못하고 내려온 나머지 단백질을, 라이페이스는 지방을 분해해요.

이 삼 형제는 염기성을 좋아해요. 그래서 작은창자는 늘 pH8 정도의 염기성을 띠고 있어요.

입속으로 들어온 음식물은 몸속에서 산성과 염기성 환경을 차례로 지나면서 다양한 소화 효소에 의해 분해돼요. 이 과정을 통해 영양소가 우리 몸에 흡수된답니다.

 ## 똥은 산일까, 염기일까?

영양소가 작은창자에서 모두 흡수되고 나면, 남은 찌꺼기들은 큰창자로 내려가요. 이 찌꺼기가 '똥'이에요. 위와 작은창자를 거쳐 음식물 찌꺼기만 남은 똥은 산성일까요, 염기성일까요?

똥의 정체

보통 똥은 70~80퍼센트가 물이고, 나머지가 딱딱한 성분이에요. 여기에는 소화가 덜 된 음식물, 식이섬유, 세균 등 필요 없는 물질이 들어 있지요.

대장균처럼 장에 사는 세균은 똥을 만드는 데 중요한 역할을 해요. 이 세균들이 탄수화물과 단백질 등을 열심히 분해하거든요.

세균에 의해 음식물이 분해되는 과정에서 가스가 발생해요. 이 가스가 몸 밖으로 '뿡!' 하고 나오는 현상이 바로 방귀랍니다.

일반적으로 똥은 이렇게 남은 음식물 찌꺼기들이 세균에 의해 분해되면서 생기는 산성 물질들 때문에 약산성을 띤다고 해요.

우리가 매일 먹는 음식은 산성 식품과 알칼리성 식품으로 나눌 수 있어요. 알칼리는 염기와 비슷한 말이에요. 그런데 사과나 레몬처럼 pH가 낮은 신맛 나는 과일들이 알칼리성 식품으로 분류된대요. 왜 산성 식품이 아니라 염기와 비슷한 알칼리성 식품일까요?

산성 식품과 알칼리성 식품을 나누는 기준

산성 식품과 알칼리성 식품을 나눌 때는 식품 자체에 무슨 성분이 들어 있는지로 구분하지 않아요. 우리 몸속에 들어왔을 때 어떤 성분으로 변하는지를 보고 나눈답니다.

신맛이 나는 과일에는 대부분 시트르산이라는 산성 성분이 들어 있어요. 이 성분은 우리 몸속에 들어와 분해되면서 알칼리성으로 바뀌어요. 따라서 알칼리성 식품으로 분류하지요.

다른 예로 밥을 들어 볼게요. 밥은 몸속에서 소화될 때 이산화탄소를 만들어 내요. 이산화탄소가 물에 녹으면 산성을 띠기 때문에 밥은 산성 식품으로 분류한답니다.

몸에 더 좋은 식품은?

산성 식품과 알칼리성 식품 중 어떤 음식이 우리 몸에 더 좋을까요?

대표적인 산성 식품으로는 우리가 매일 먹는 쌀, 고기, 생선 등이 있어요. 주로 탄수화물, 단백질, 지방이 많이 들어 있는 식품이지요.

대표적인 알칼리성 식품에는 채소, 과일, 우유, 해조류, 굴 등이 있어요. 주로 비타민이나 무기질이 많이 들어 있는 식품이지요.

사람들은 보통 알칼리성 식품이 몸에 더 좋을 거라고 생각해요. 하지만 그것은 평소에 우리가 산성 식품을 더 많이 먹기 때문에 잘못 생각하는 거예요.

우리는 평소에 탄수화물이 가득한 밥이나 밀가루, 고기 등의 음식을 먹을 기회가 많아요. 하지만 야채나 과일은 비교적 덜 먹지요. 우리 몸의 균형을 생각하면 산성 식품, 알칼리성 식품을 어느 쪽으로 치우치지 않게 골고루 먹어야 해요.

밥이나 고기를 먹을 때는 알칼리성 식품인 야채 반찬이나 해산물을 함께 먹는 게 좋답니다.

염기성과 알칼리성

염기성과 알칼리성은 비슷한 말이지만, 염기성이 알칼리성보다 조금 더 큰 의미예요. 염기 중에서도 물에 잘 녹는 염기를 알칼리라 하고, 이 알칼리에 의해 나타나는 성질을 알칼리성이라고 한답니다.

 ## 내 몸의 피는 산일까, 염기일까?

우리 몸에 있는 피를 뽑아서 pH를 재면 약 7.4 정도가 나와요. 사람의 피는 거의 중성에 가까운 약한 염기성이에요.

그런데 만약 콜라 같은 탄산음료나 레몬, 사과같이 산이 들어 있는 음식을 많이 먹으면 피의 pH는 어떻게 될까요? 음식이 소화되는 과정에서 몸속에 흡수되어, 피의 pH도 산성으로 바뀔까요?

중화 작용을 이용해 일정하게 유지되는 피의 산도

정답은 '바뀌지 않는다'예요. 피의 pH는 항상 일정하게 유지돼요. 피뿐만 아니라 체온과 같은 여러 조건은 반드시 일정해야 해요.

항상 항　항상 상　성질 성

이렇게 우리 몸이 항상 같은 상태를 유지하려고 하는 성질을 '항상성'이라고 한답니다. 만약 이런 조건이 크게, 자주 변한다면 몸속에서 일어나는 수많은 작용에 영향을 주어 어딘가가 정상적으로 작동하지 못할 수도 있답니다.

예를 들어 피가 산성 쪽으로 기울게 되면 몸에 문제가 생겨 갑자기 의식을 잃을 수도 있어요.

우리 몸은 잠을 자거나 가만히 있을 때도, 쉬지 않고 영양분을 분해하고 흡수하여 에너지를 만들어 내거나 단백질을 합성하는 일을 하고 있어요. 영양분이 분해되면 이산화탄소나 인산 같은 성분이 만들어지기도 해요. 이 물질들은 모두 산성인데, 몸속을 흐르는 피는 어떻게 일정한 pH를 유지하는 걸까요?

우리 몸은 건강을 지키기 위해서 몸속에 스스로 원래대로 돌아오는 장치를 마련해 두었어요. 산성 물질이 많아지면 산을 중화시킬 수 있는 염기성 물질이 나와 중화 작용을 일으켜요. 그러면 다시 원래의 pH를 유지하는 것이지요. 탄산수소염이나 인산염, 단백질 같은 것이 그런 물질이에요.

항상성만 믿으면 안 돼!

우리 몸의 항상성이 아무리 뛰어나도, 산성 식품이나 알칼리성 식품 중 어느 한쪽 식품만 치우쳐 먹으면 영양소를 골고루 섭취할 수 없으므로 건강에 나빠요. 우리 몸속 산과 염기의 균형을 위해서는 두 식품을 골고루 먹는 것이 좋아요.

우리 몸속 산과 염기

나를 성장시키는 산과 염기

- 소화 : 음식물 속 영양분을 몸이 흡수 가능한 형태로 분해하는 과정
- 소화 효소 : 다양한 음식을 분해하기 위한 물질
- 위액(위산) : 위에서 나오는 강한 산성 물질로, pH2의 염산과 성분이 같음
- 펩신 : 위액에 있는 소화 효소로, 단백질을 분해함
- 말테이스, 트립신, 라이페이스 : 작은창자에 있는 소화 효소
- 말테이스 : 탄수화물을 분해함
- 트립신 : 위에서 분해되지 못하고 내려온 나머지 단백질을 분해함
- 라이페이스 : 지방을 분해함
- 펩신이 있는 위는 pH2 정도의 산성을 띔
- 말테이스, 트립신, 라이페이스가 있는 작은창자는 pH8 정도의 염기성을 띔
- 음식물은 산성과 염기성 환경을 지나면서 여러 소화 효소에 의해 분해됨
  ⋯ 분해된 영양소가 우리 몸에 흡수됨

똥은 산성

- 똥 : 위와 작은창자를 거쳐 큰창자로 내려온 찌꺼기
  ⋯ 소화가 덜 된 음식물, 식이섬유, 세균 등이 담김
- 방귀 : 세균에 의해 음식물이 분해될 때 생긴 가스가 몸 밖으로 나오는 현상
- 세균이 음식물 찌꺼기를 분해할 때 산성 물질이 생김
  ⋯ 산성 물질 때문에 똥이 약산성을 띰

산성 식품과 알칼리성 식품

- 알칼리성 : 염기 중에서 물에 잘 녹는 염기를 알칼리라고 하며, 이 알칼리에 의해 나타나는 성질을 뜻함
- 산성 식품과 알칼리성 식품을 나누는 기준 : 우리 몸속에 들어왔을 때 어떤 성분으로 변하는지에 따라 나눔(식품에 들어 있는 성분으로 구분하지 않음)
- 레몬, 사과 등은 시트르산이 들어 있어 신맛이 나지만, 몸속에서 분해되면 알칼리성으로 바뀌므로 알칼리성 식품
- 두 식품을 골고루 먹어야 우리 몸에 균형이 잡힘

피의 산도

- 피 : 중성에 가까운 약한 염기성(pH7.4)
- 항상성 : 몸에 산성 물질이 많아지면 염기성 물질이 나와 중화 작용을 일으킴

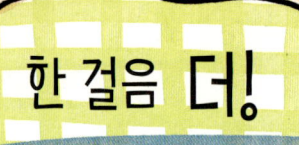

약을 안전하게 장까지 운반하라!

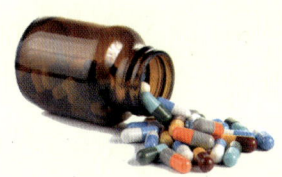

건강하게 살아가려면 음식을 골고루 잘 먹어 건강한 몸을 만드는 것이 중요해요. 그러나 병에 걸린다면? 빨리 치료하고 병을 이겨 내야 해요.

그럴 때 도움되는 것이 바로 약이에요. 제대로 된 약 효과를 보려면 산과 염기에 대해 알아야 해요.

약이 분해되어 우리 몸에 흡수되는 과정

보통 약을 먹으면 음식물처럼 식도와 위를 거쳐 작은창자까지 내려와 분해되어 몸속에 흡수돼요.

흡수된 약의 성분은 피를 타고 온몸을 돌면서 약이 필요한 곳에 도움을 주고, 다 사용된 약은 간이나 신장에서 분해되어 똥이나 오줌으로 빠져나간답니다.

따라서 약을 꿀꺽 삼킨 순간, 대부분의 약이 해야 하는 일은 작은창자까지 안전하게 도착하는 것이에요. 작은창자까지 무사히 도착해야 약을 몸속에 흡수시켜 효과를 볼 수 있으니까요.

약 성분이 피를 타고 온몸을 도니 신기하지 않니?

작은창자로 가는 길은 너무 힘들어!

약이 작은창자로 가는 길에는 중간중간에 장애물이 너무 많아요. 특히 강한 산이 뿜어져 나오는 위를 지나야 하거든요. 약은 어쩔 수 없이 위산을 만나면서 아주 조금 분해돼요. 하지만 너무 걱정할 필요는 없어요. 약을 연구하는 사람들이 위에서 분해되어 사라지는 양까지도 미리 계산하여 약을 만들었으니까요. 그래도 해결해야 할 문제가 남아 있어요. 위에서 약이 분해되기 시작하면, 분해된 성분이 위를 자극해서 배를 아프게 하거나, 토할 것 같은 기분을 느끼게 하기도 하거든요. 그래서 이러한 성분이 들어 있는 약에는 위산에 잘 녹지 않는 성분으로 코팅해 두기도 해요.

약은 물과 함께? 주스와 함께?

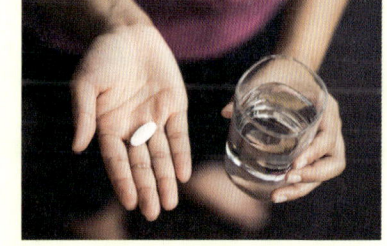

대부분의 약은 탄산이나 주스처럼 산성 성분이 들어 있는 음료수와 함께 먹을 경우 미리 분해될 수도 있기 때문에 꼭 물과 함께 먹는 것이 좋아요.

하지만 간혹 예외도 있어요. 철분제와 같이 너무 분해가 되지 않아 몸속에 잘 흡수되지 않는 약은 오렌지주스와 같은 산성 음료수와 먹는 것이 더 도움이 되지요. 그러므로 약을 먹기 전에는 꼭 먹는 방법을 자세히 살펴보거나, 의사나 약사의 주의에 귀 기울여야 해요.

5화
예술이 되어라, 얍!

예술 산과 염기로 그리는 세상

- 산으로 만드는 판화 - 에칭
- 오래도록 보존되는 중성지 작품
- 염기와 만나 파랗게 물드는 쪽 염색
- 석회 위에 그린 그림 - 프레스코 벽화

한눈에 쏙 - 산과 염기로 그리는 세상
한 걸음 더 - 전기로 그리는 지시약 그림

 ## 산으로 만드는 판화 – 에칭

앞에서 엄마가 아이들에게 가르쳐 준 판화 기법을 '에칭(etching)'이라고 해요. 에칭은 부식이라는 뜻이지요. 부식은 금속이 화학 작용을 일으켜 녹거나 파이는 등 상태가 변하는 거예요.

썩을 부 갉아 먹을 식

엄마가 아이들에게 그림을 그리라고 나누어 준 판은 에칭에 쓰이는 기본 재료로, 금속으로 된 판이에요.

에칭에는 주로 구리판이나 알루미늄판을 써요. 구리와 알루미늄은 다른 금속보다 말랑말랑해서 날카로운 도구로 그림을 잘 그릴 수 있기 때문이에요.

금속은 산성 용액을 만나면 뽀글뽀글 기체를 내뿜으며 녹아요. 바로 이 성질을 이용해 판화를 만들어요.

금속이 녹으면 그림이 짠!

먼저 금속판에 산성 용액을 만나도 부식되지 않는 특수 약품을 발라요. 그럼 금속판이 한 겹 코팅된 상태가 돼요. 여기에 날카로운 도구로 그림을 그려요. 그럼 그 부분만 코팅이 벗겨져 금속이 그대로 드러나지요. 그런 다음 이 판을 묽은 질산 용액에 넣고 약 1시간 정도 기다려요.

금속판을 꺼내면 어떤 변화가 있을까요? 날

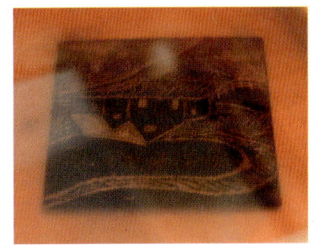
카로운 도구로 그림을 그려 코팅이 벗겨진 부분은 산성 용액과 만나 부식했을 거예요. 다른 부분은 변화가 없겠지요.

앞에서 산이와 염이가 했던 방법은 조금 더 쉬운 방법이에요. 코팅이 되지 않은 금속판에 시트지를 붙인 뒤 산성 용액에 넣으면 시트지를 붙이지 않은 부분만 산과 만나 부식해요. 특수 약품 대신 시트지가 금속을 보호하는 거예요.

이렇게 산을 만나 금속이 녹은 부분은 안으로 파여 홈이 생겨요. 녹지 않은 부분은 상대적으로 도드라져 있고요. 이 자체로도 금속판에 멋진 그림이 완성되지요.

올록볼록해진 금속판에 물감을 칠한 뒤 살살 닦아 내어 종이에 대고 누르면 파인 곳에 남아 있던 물감만 종이에 찍혀요. 그러면 산과 금속의 반응을 이용한 미술 작품이 완성된답니다.

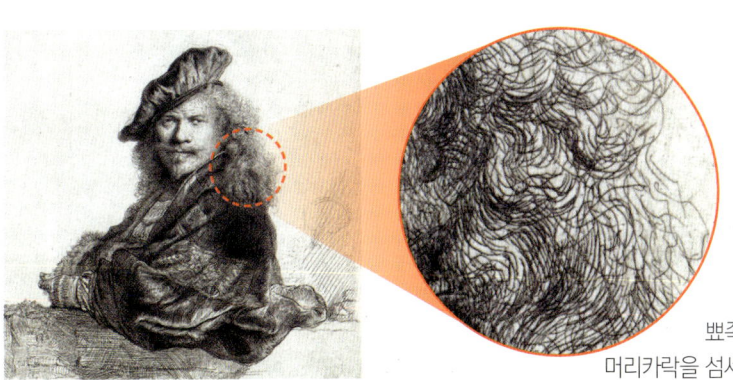

에칭 기법으로 유명한 렘브란트의 자화상

뾰족한 도구로 머리카락을 섬세하게 표현

오래도록 보존되는 중성지 작품

산성도 염기성도 아닌 중성이 미술에 이용되는 예가 있어요. 바로 중성지를 이용한 미술이지요.

중성지란?

보통 우리가 쓰는 종이는 약한 산성을 띠고 있어요. 나무를 이용해 종이를 만들 때 잉크가 쉽게 번지는 것을 막기 위해 약품 처리를 하는데, 이 약품이 산성이기 때문이에요.

산성을 띠는 종이는 시간이 지날수록 열이나 빛, 미생물 등에 의해 조금씩 부식되거나 색이 변해요. 그래서 산성 물질을 없애기 위해 약한 알칼리성 물질을 약품에 넣어 중화시킨 뒤 종이를 만들지요. 이 종이를 중성지라고 불러요.

중성지의 장점

중성지에는 탄산칼슘과 같은 염기성 물질이 약간 남아 있기도 해서 pH가 딱 7이 아닌, 7보다 조금 높을 때도 있어요. 그래서 종이의 pH가 7 이상이라면 모두 중성지라고 부른답니다.

중성지는 일반적인 산성지에 비해 보존성이 훨씬 뛰어나고, 햇빛 때문에 색깔이 노랗게 변하는 것도 막을 수 있어요. 그래

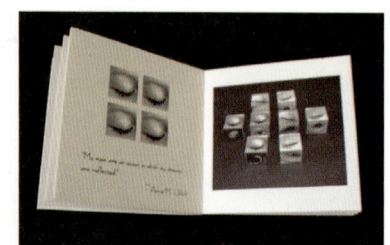

중성지로 만든 사진집

서 오랫동안 보관해야 하는 책이나 사진, 예술 작품 등을 만들 때 사용해요. 중성지 수천 장을 압축시켜 단단한 조각상을 만들기도 해요. 이렇게 만들어진 작품은 오랜 시간이 흘러도 끄떡없답니다.

중성지로 만든 미술 작품

천 년 이상 오래가는 중성지 한지

옛날 중국 사람들은 마, 죽순 등을 이용하여 종이를 만들었어요. 이 제작 기술이 우리나라로 전해졌지요. 우리 선조들은 중국의 재료와는 조금 다르게 닥나무를 사용했어요. 닥나무에는 종이를 만들기에 적합한 성분이 많았지요. 또한 천연 재료인 잿물과 닥풀 등도 사용하여 우수한 중성지인 '한지'를 만들었답니다.
한지는 글을 남길 때도 쓰고 방문이나 전등, 부채 등 생활용품의 재료로도 사용했어요.

한지 만드는 모습

한지

한지를 이용한 예술

 염기와 만나 파랗게 물드는 쪽 염색

　화창한 가을 하늘처럼 깊고 맑은 파란빛을 보면 사람들은 종종 하늘이 쪽빛으로 물들었다고 말해요.

　'쪽'은 풀의 이름이에요. 풀이면 초록색 잎을 가지고 있을 텐데, 왜 파란 하늘을 쪽빛이라고 하느냐고요? 쪽에서 파란색 천연물감을 얻기 때문이에요. 초록색 잎이 파란색 염색 재료가 된다니 신기하지요?

　화학 약품을 이용한 것보다 천연물감을 사용한 옷감이 더 예쁘고 깊은 색깔을 띠고 있어요. 또한 화학 약품을 사용하지 않아 피부에도 자극이 적어 피부병이 있는 사람들도 편하게 입을 수 있어요.

천연 염색 방법

쪽잎을 이용해 천연물감을 만들려면 우선 베어 둔 쪽을 항아리에 차곡차곡 쌓고 따뜻한 물을 부어 2~3일 정도 발효*하는 과정을 거쳐야 해요.

물속에 들어 있는 쪽은 발효되면서 색소를 내보내요. 그래서 물이 푸른색을 띠지요. 쪽은 익으면서 산성을 띠기 때문에 이 물에 염기성 물질인 석회를 넣어 섞어요.

푸른색 쪽물에 석회를 넣고 계속 저으면 진한 파란색으로 변해요. 여기에 마지막으로 색소가 옷감에 잘 달라붙게 도와주는 매염제를 넣으면 천연 염색 재료가 완성된답니다.

쪽은 염기성일 때 염색이 잘되기 때문에 염기성 물질을 매염제로 써요. pH가 11 정도 되는 잿물을 섞으면 쪽빛 천연물감이 완성돼요.

여기에 하얀 천을 넣어 조물조물 물감을 입힌 뒤 서늘한 곳에서 말리면 아름다운 쪽빛 옷감을 얻을 수 있어요.

> 천을 접거나 구겨서 묶은 뒤에 물감 속에 담갔다가 빼면 다양한 무늬의 옷감을 만들 수 있어.

★ **발효** 미생물이 가지고 있는 효소를 이용하여 물질의 상태를 분해시키는 과정

산과 염기로 그리는 세상 • 93

석회 위에 그린 그림 - 프레스코 벽화

로마의 바티칸에 가면 로마 교황의 예배당인 시스티나 성당이 있어요. 이곳은 가톨릭교회에서 교황을 뽑는 장소이기도 하고, 교황 다음가는 성직자인 추기경들이 회의를 여는 곳이기도 하지요.

이곳은 늘 엄청난 관광객들로 붐벼요. 성당 벽과 천장에 가득 그려져 있는 벽화 때문이에요. 특히 르네상스 시대의 천재 화가인 미켈란젤로의 〈최후의 심판〉은 세계적인 명작으로 손꼽히며 '죽기 전에 꼭 봐야 할 세계 역사 유적'으로 불린답니다.

벽이나 천장에 그린 그림이 오래가는 이유

〈최후의 심판〉은 프레스코 기법을 이용해 벽에 그린 그림이에요. 프레스코 기법은 벽이나 천장에 그림을 그리는 미술 방식으로, 세상에서 가장 오래된 미술 기법 중 하나이지요. 3,000년 전에 그려진 크레타섬의 크노소스 벽화도 프레스코 방식으로 그려졌다고 하니까 말이에요.

프레스코는 이탈리아어에서 유래된 말로, '신선하다'와 '젖다'라는 의미를 담고 있어요. 프레스코화는 벽에 바른 석회가 채 마르지 않은 상태에서 그린 그림을 말해요. 프레스코 기법으로 그린 그림은 수백 년 동안이나 보존된다는 장점을 가지고 있어요. 여기에는 염기성 물질인 석회가 중요한 역할을 하지요.

프레스코 기법으로 그림을 그릴 때는 오랫동안 물에 담가 놓았던 석회를 고운 모래와 섞어 벽에 발라요. 이 벽이 마르기 전에 재빨리 밑그림을 그린 다음, 석회수에 섞은 천연물감으로 채색을 해야 해요.

이 물감은 석회가 발린 벽의 미세한 구멍 사이로 스며들어 벽과 하나가 돼요. 이때 석회의 주성분인 수산화칼슘은 공기 중의 이산화탄소와 반응해 탄산칼슘을 만들지요. 물감은 이미 벽 속으로 스며들었고, 그 위에 탄산칼슘 막까지 생겼으니 물감과 벽은 더 단단해지지요. 프레스코 벽화의 긴 수명은 석회와 이산화탄소의 화학 반응이 준 선물이랍니다.

미켈란젤로의 〈천지창조〉
바티칸에 있는 시스티나 성당 천장에 그려진 벽화로, 구약 성경 속 주요 장면이 담겨 있어요.

산과 염기로 그리는 세상

에칭

- 판화 기법 중 하나
- 금속이 산성 용액을 만나 녹는 성질(부식)을 이용
- 만드는 순서 :
  ① 금속판에 부식을 막는 특수 약품을 발라 코팅한다.
  ② 코팅된 금속판에 날카로운 도구로 그림을 그린다.
  ③ 묽은 질산 용액에 금속판을 넣고 약 1시간 정도 기다린다.
  ④ 그림이 그려진 곳만 부식되어 올록볼록해진 금속판에 물감을 칠한다.
  ⑤ 부식되어 홈이 파인 곳에만 물감을 남기고, 다른 부분의 잉크를 닦는다.
  ⑥ 금속판 위에 종이를 놓고 꾹 눌러 판화를 찍어 낸다.

중성지 작품

- 보통 종이는 약한 산성을 띰 ⋯▸ 잉크가 쉽게 번지는 것을 막기 위해 산성으로 약품 처리를 하기 때문
- 산성 종이 : 시간이 지날수록 조금씩 부식되거나 색이 변함 ⋯▸ 이를 막기

위해 약한 알칼리성 물질을 약품에 넣어 중성지를 만듦
- 중성지의 장점 : 보존성이 뛰어나고, 색이 잘 변하지 않음 ⋯▶ 오래 보관해야 하는 책, 사진, 예술 작품 등의 재료로 사용
- 한지 : 닥나무로 만든 우리나라 전통 중성지

천연 염색

- 쪽에서 얻은 천연물감으로 천을 물들이는 것
- 만드는 과정 :
  ① 쪽잎을 담은 항아리에 따뜻한 물을 부어 2~3일 정도 발효시킨다.
  ② 발효된 쪽에서 푸른색 색소를 내보낸다.(산성을 띰)
  ③ 염기성 물질인 석회를 넣고 계속 저으면 진한 파란색으로 변한다.
  ④ 색소가 옷감에 잘 달라붙게 도와주는 매염제 (염기성 물질)를 넣는다.
  ⑤ 하얀 천을 넣어 물감을 입힌 뒤 서늘한 곳에서 말린다.

프레스코 벽화

- 이탈리아어에서 유래된 말로 신선하다, 젖다라는 의미
- 벽에 바른 석회가 채 마르기 전에 재빨리 그 위에다 밑그림을 그리고, 석회수에 섞은 천연물감으로 채색을 해야 함
- 대표 작품 : 바티칸 시스티나 성당 천장에 미켈란젤로가 그린 〈최후의 심판〉

한 걸음 더!

전기로 그리는 지시약 그림

조금 특별한 재료로 그림을 그려 봐요. 붓과 물감은 필요 없어요. 건전지와 집게 달린 전선만 있으면 그림을 그릴 수 있답니다.

준비물
건전지 (6V 또는 9V), 집게 달린 전선 2개, 종이, 소금물, 페놀프탈레인 용액, 은박 접시, 마스크

❶ 은박 접시에 소금물을 부은 다음 페놀프탈레인 용액을 섞어요.

❷ 종이를 1번 용액에 적셔요.

❸ 전선 한 가닥을 건전지의 (+)극과 은박 접시에 연결해요. 다른 한 가닥은 한쪽을 건전지의 (-)극에 연결해요.

❹ (−)극에 연결된 전선의 끝을 잡고 종이 위에 그림을 그려요. 그러면 전선이 지나간 자리에 붉은색으로 그림이 그려진답니다.

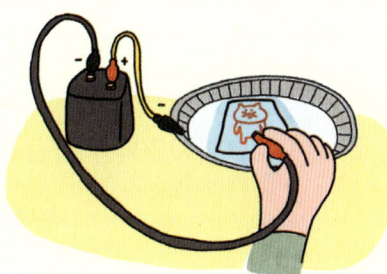

⚠️ 주의 사항

· 집게의 금속 부분이 손가락에 닿으면 안 돼요.
· (+)극 주변에서 염소 기체가 발생하므로 마스크를 착용해요.

어떻게 전선으로 색깔을 낼 수 있는 걸까요? 힌트는 바로 페놀프탈레인 용액에 있어요. 페놀프탈레인 용액은 염기성 용액을 만나면 빨간색을 나타내는 지시약이지요. 소금물은 원래 중성이지만 전기를 통하면 물이 전기에 의해 분해되면서 (−)극 주변에 수산화 이온이 생겨요.

송이에 전선이 닿을 때마다 전기가 조금씩 흐르면서 수산화 이온이 생겨요. 수산화 이온이 생긴 곳은 염기성을 띠기 때문에 페놀프탈레인 용액과 반응하여 빨간색이 나타나는 것이지요.

페놀프탈레인 대신 염기성에서 다른 색을 나타내는 지시약을 사용하면 다양한 색의 전기 색연필을 만들어 볼 수도 있답니다.

워크북

1화 산과 염기를 찾아라!

1 다음 중 산의 일반적인 특징이 아닌 것을 고르세요.

① 식초나 레몬처럼 신맛이 나요.
② 황산과 염산은 산의 세기가 약해서 먹을 수 있어요.
③ 과일의 신맛을 나타내는 성분은 시트르산이에요.
④ 아세트산, 시트르산, 탄산처럼 대부분 '~산'이라는 이름을 가지고 있어요.

2 다음 중 염기성 제품이 아닌 것을 고르세요.

① 카페인이 들어 있는 커피
② 이를 닦을 때 쓰는 치약
③ 머리를 감을 때 쓰는 샴푸
④ 아세트산이 들어 있는 식초

3 다음 문장을 읽고 각 번호를 산과 염기로 나눠 봐요.

> ①생선 비린내를 없애기 위해 ②레몬즙을 뿌린다.
>
> 푹 익은 ③김치의 신맛을 없애기 위해 ④달걀 껍데기를 넣어 둔다.
>
> ⑤벌레의 독에 쏘였을 때 ⑥암모니아수를 바른다.

산 : _____   염기 : _____

4 집에서 쉽게 찾아볼 수 있는 산과 염기를 적어 봐요. `서술형 문항 대비` ✓

시큼한 과일을 떠올려 봐!

욕실에 있는 미끌미끌한 액체를 생각해 봐!

산	염기
·	·
·	·
·	·

2화 산일까? 염기일까?

1 다음 빈칸에 알맞은 말을 보기에서 골라 써 봐요.

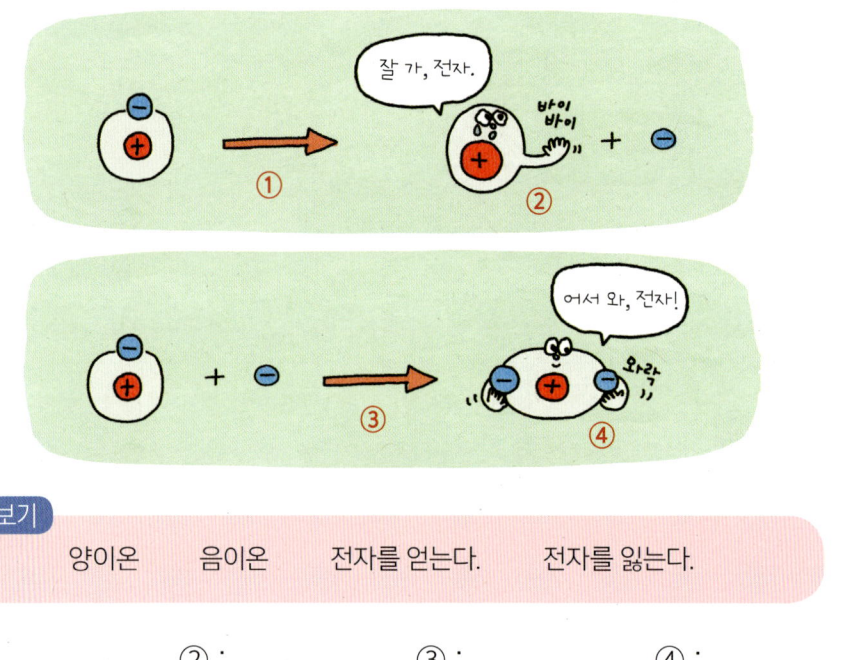

보기
양이온   음이온   전자를 얻는다.   전자를 잃는다.

① : _____   ② : _____   ③ : _____   ④ : _____

2 다음 글을 읽고 무엇에 대한 설명인지 써 봐요.

> 색깔의 변화로 산과 염기를 구분하는 물질이에요. 영국의 과학자 보일이 황산으로 실험을 하던 중에 색깔이 변한 제비꽃을 보고 우연히 발견하였지요. 이 물질은 꽃이나 이끼 같은 식물로 만들거나, 화학 약품을 이용해서 만들어요.

_____

3 다음 중 자신의 정체를 숨기고 거짓말하는 물질은 무엇일까요?

① 물에 녹았을 때 나를 내보내면 산성 물질이야.

수소 이온

② 물에 녹았을 때 나를 내보내면 염기성 물질이야.

수산화 이온

③ 나는 수소 이온이 조금밖에 안 나와서 중성이야.

④ 나는 강한 산성이라 수소 이온이 강하게 뿜어져 나와.

4 우리 주변에서 산과 염기가 만나 중화 반응을 일으키는 현상을 찾아봐요. `서술형 문항 대비` ✓

파마도 중화 반응이야!

· 머리카락에 염기성 물질을 발라 원하는 모양으로 만든 뒤, 산성 물질을 발라 중화시켜 모양을 고정한다.
·
·

3화 주위를 둘러봐!

1 다음 중 수국의 꽃잎 색깔에 대한 설명으로 틀린 것을 고르세요.

① 자라나는 땅이 염기성일 때는 빨간색 꽃이 펴요.
② 물과 영양분을 많이 흡수할수록 붉은색을 띠어요.
③ 수국은 한 가지 색이 아니라 빨간색, 파란색, 보라색 등 다양한 색으로 펴요.
④ 수국 속 안토시아닌 성분이 흙 속에 있는 알루미늄 이온과 만나면 파란색 꽃이 펴요.

2 다음 중 벌레의 무기에 대한 설명으로 옳은 것을 고르세요.

① 개미가 내뿜는 개미산은 염기성이에요.
② 불개미의 산은 매우 약해서 사람에게 피해를 주지 않아요.
③ 개미나 벌에 쏘이면 산성으로 된 약을 발라 응급 처치를 해요.
④ 말벌의 독은 다른 벌보다 훨씬 강하고 위험하므로, 쏘이면 곧장 병원에 가요.

3 다음 중 산성비에 대한 설명으로 틀린 것을 모두 고르세요.

① pH7보다 낮으면 모두 산성비라고 불러요.
② 동식물에게 피해를 입힐 뿐만 아니라 건물과 동상도 녹게 만들어요.
③ 자동차와 공장에서 나오는 매연을 줄여야 오염 물질을 줄일 수 있어요.
④ 산성비의 주요 원인은 화산 폭발이나 산불과 같은 자연 현상에서 비롯돼요.

4 산성비로부터 지구를 지키는 방법을 조사하여 적어 봐요. 〔서술형 문항 대비 ✓〕

· 석유 대신 전기나 수소를 에너지로 쓰는 자동차를 개발해요.

·
·
·

4화 내 몸을 지켜 줘!

1 아래 그림 속 산이의 소화 기관과 그에 대한 설명을 바르게 짝지어 봐요.

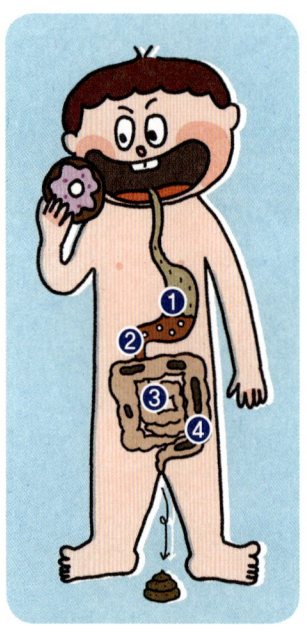

㉠ 작은창자
말테이스, 트립신, 라이페이스가 나와 각각 탄수화물, 단백질, 지방을 분해하고 흡수해요.

㉡ 십이지장
작은창자의 머리 부분으로, 단백질과 지방의 소화를 돕는 쓸개즙과 이자액이 나와요.

㉢ 큰창자
물만 흡수하고 찌꺼기는 아래로 내려보내요. 이 과정에서 똥이 만들어져요.

㉣ 위
위액이 음식물을 녹여요. 위액에 있는 소화 효소 펩신이 단백질을 분해해요.

2 다음은 소화 효소에 대한 설명이에요. 틀린 말을 하는 효소는 누구일까요?

① 난 위에 사는 펩신이야. 산성을 좋아하지.
② 나는 작은창자에 사는 말테이스야.
③ 난 트립신이야. 염기성을 좋아하지.
④ 나는 라이페이스야. 큰창자에 살지.

3 다음 중 산성 식품과 알칼리성 식품을 나누는 기준은 무엇일까요?

① 식품 자체에 무슨 성분이 들어 있는지 확인 후 구분해요.
② 음식이 우리 몸속에 들어왔을 때 어떤 성분으로 변하는지를 보고 나눠요.
③ 건강에 좋은 음식은 알칼리성 식품, 나쁜 음식은 산성 식품이에요.
④ 음식물을 산성 식품과 알칼리성 식품으로 나눌 수 없어요.

4 염이는 콜라를 많이 마시면 몸이 산성이 될까 봐 걱정이 커요. 염이에게 우리 몸의 항상성에 대해 알려 주고 안심시켜 보세요. `서술형 문항 대비 ✓`

5화 예술이 되어라, 얍!

1 에칭은 금속과 산의 성질을 이용한 판화 기법이에요. 다음 중에서 에칭에 대한 설명으로 옳은 것을 모두 고르세요.

① 말랑말랑한 구리판이나 알루미늄판을 주로 이용해요.
② 금속은 염기성 용액과 만나면 녹는데, 이 성질을 이용해 부식시켜요.
③ 그림이 그려져 있는 금속판을 산성 용액 속에 넣고 기다리면, 코팅이 벗겨진 부분만 부식돼요.
④ 산성 용액 대신 염기성 용액을 사용해도 금속판을 부식시킬 수 있어요.

2 다음 중 종이에 대한 설명을 읽고 틀린 것을 고르세요.

① 우리가 쓰는 종이는 약한 염기성을 띠고 있어요.
② 산성을 띠는 종이는 시간이 지날수록 열이나 빛, 미생물 등에 의해 조금씩 부식되거나 색이 누렇게 변해요.
③ 중성지는 일반 산성지에 비해 보존성이 훨씬 뛰어나요.
④ 중성지 수천 장을 압축하여 단단한 조각상을 만들 수 있어요.

3 다음 보기를 읽고, 천연 염색 과정을 순서대로 나열하세요.

> **보기**
> ① 염색하려는 천을 항아리에 넣고 잘 주물러 천에 물감을 입혀요.
> ② 푸른색 쪽물에 석회를 넣고 계속 저으면 진한 파란색으로 변해요.
> ③ 쪽잎을 항아리에 가득 넣고 따뜻한 물을 부어 2~3일 정도 발효시켜요.
> ④ 서늘한 곳에 말려요.

(⋯▶   ⋯▶   ⋯▶   )

4 다음 중 프레스코 기법에 대해 옳은 것을 고르세요.

① 프레스코는 이탈리아어에서 유래된 말로 '빠르다'는 의미가 있어요.
② 벽에 바른 석회가 다 마른 뒤, 그 위에다가 그림을 그려요.
③ 대표 작품으로는 고흐가 그린 〈최후의 심판〉이 있어요.
④ 석회와 이산화탄소의 화학 반응을 이용한 미술 기법이에요.

정답 및 해설

1화

1. ②
⋯ 황산과 염산은 산의 세기가 너무 강해서 먹을 수 없어요. (☞16~17쪽)
2. ④
⋯ 아세트산은 산이므로, 식초는 산성이에요. (☞16~19쪽)
3. 산 : ②, ③, ⑤
   염기 : ①, ④, ⑥
⋯ 생선 비린내는 염기성이므로 산성인 레몬즙을 이용해 없애요. 김치의 신맛은 산성이므로 염기성인 달걀 껍데기를 이용해 없애요. 벌레의 독은 산성이므로 염기성인 암모니아수를 발라 치료해요. (☞20~21쪽)
4. 자유롭게 조사하여 적어 봐요.
⋯ 예) 산 : 식초, 레몬 등
   염기 : 세제, 세안제, 비누 등 (☞16~19쪽)

2화

1. ①전자를 잃는다. ②양이온
   ③전자를 얻는다. ④음이온
⋯ 원자 속 전자는 이동이 가능해요. 전자를 잃으면 원자핵만 남아 양이온이 되고, (-)전자를 얻으면 (-)전자가 많아져 음이온이 돼요. (☞34~35쪽)

2. 지시약
⋯ 색깔의 변화로 산과 염기를 구분하는 물질은 지시약이에요. 지시약은 영국의 과학자 보일이 발견하였답니다. (☞36~37쪽)
3. ③
⋯ 물에 녹았을 때 수소 이온이 나오는 물질은 산성이에요. (☞35, 38~39쪽)
4. 자유롭게 조사하여 적어 봐요.

3화

1. ②
⋯ 수국의 꽃잎 색깔은 영양분과는 상관이 없어요. 자라나는 땅이 산성인지 염기성인지에 따라 달라져요. (☞52~53쪽)
2. ④
⋯ 개미산은 산성이에요. 특히 불개미는 사람에게 피해를 줄 정도의 개미산을 쏘지요. 개미나 벌의 독은 산성이므로 염기성으로 된 약을 발라 응급 처치를 해요. (☞54~55쪽)
3. ①, ④
⋯ 모든 비는 산성을 띠고 있기 때문에 pH7보다 낮다고 해서 산성비라고 하진 않아요. pH5.6보다 낮은 비만 산성비라고 해요. 산성비의 주요 원인은 자동차와 공장에서 내뿜는 오염 물질 때문이랍니다. (☞56~58쪽)

4. 자유롭게 적어 봐요.

4화

1. ①-ㄹ, ②-ㄴ, ③-ㄱ, ④-ㄷ
⋯ 음식물은 위에서 일부 분해된 뒤, 십이지장을 거쳐 작은창자로 이동해요. 이곳에서 탄수화물, 단백질, 지방을 모두 분해하고 흡수해요. 그 뒤 음식물 찌꺼기들은 큰창자로 이동하여 똥이 된답니다. (☞70~73쪽)

2. ④
⋯ 라이페이스는 지방을 분해하는 소화 효소로, 작은창자에 살아요. (☞71~72쪽)

3. ②
⋯ 산성 식품과 염기성 식품은 음식이 우리 몸속에 들어왔을 때 어떤 성분으로 변하는지를 보고 나눠요. (☞74쪽)

4. 자유롭게 조사하여 적어 봐요.
⋯ 예)우리 몸은 산성 물질이 많아지면 건강을 지키기 위해서 산을 중화시킬 수 있는 염기성 물질이 나와 중화 작용을 일으킨단다. 이 성질을 '항상성'이라고 해. (☞76~77쪽)

5화

1. ①, ③
⋯ 뾰족한 도구로 그림을 잘 그리려면 단단한 금속보다 말랑말랑한 금속이 필요해요. 또한 그림을 그린 금속판을 산성 용액에 넣어 두면, 금속판이 부식되어 판화의 주재료가 완성된답니다. (☞88~89쪽)

2. ①
⋯ 우리가 쓰는 종이는 약한 산성을 띠고 있어요. (☞90~91쪽)

3. ③ → ② → ① → ④
⋯ 주재료인 쪽잎을 가득 모아 따뜻한 물을 이용해 발효시킨 뒤, 석회를 넣고 계속 저어 진한 파란색 물감을 만들어요. 염색하려는 천을 항아리에 넣고 잘 주물러 천에 물감을 입혀요. 그 후 서늘한 곳에 말리면 천연 염색 완성! (☞92~93쪽)

4. ④
⋯ 석회와 이산화탄소의 화학 반응을 이용한 미술 기법이에요. (☞94~95쪽)

찾아보기

ㄹ
라이페이스 ······ 71~72

ㅁ
말테이스 ······ 71~72

ㅅ
산 ······ 34~35
산도 ······ 38~39
산성 식품 ······ 74~75
산성비 ······ 56~59
소화 효소 ······ 70~72
수산화 이온 ······ 35
수소 이온 ······ 35
시트르산 ······ 17, 74

ㅇ
아세트산 ······ 17
알칼리성 ······ 74~75
암모니아수 ······ 21, 55
양이온 ······ 35
에칭 ······ 88~89
염기 ······ 34~35
염기성 식품 ······ 74~75
위산 ······ 21, 70~72
음이온 ······ 35
이온 ······ 34~35

ㅈ
중성지 ······ 90~91
중화 반응 ······ 40~41
지시약 ······ 36~37

ㅊ
천연 염색 ······ 92~93

ㅌ
트립신 ······ 71~72

ㅍ
펩신 ······ 71~72
폼산 ······ 54
프레스코 기법 ······ 94~95

ㅎ
한지 ······ 91
항상성 ······ 76~77